법조인이 알면 좋을
이탈리아어 단어
쉽고 재밌게 배우기

수학연구사

목 차

머리말 ·· 1

I. 들어가기 ·· 3

II. A 부 ·· 7

III. B 부 ··· 17

IV. C 부 ··· 23

V. D, E 부 ·· 35

VI. F 부 ··· 43

VII. G, I, K 부 ·· 51

VIII. L 부 ··· 59

IX. M 부 ·· 65

X. N, O 부 ·· 73

XI. P 부 ··· 79

XII. R 부 ··· 87

XIII. S 부 ·· 91

XIV. T 부 ··· 101

XV. U, V 부 ··· 107

〈 머리말 〉

한번만 보고 외국어 단어를 외울 수 있다면

한번만 보고 외국어 단어를 외울 수 있다면 얼마나 좋을까? 이것은 우리 공부하는 사람들이 늘 가지는 소원이다. 그러나 외국어는 그렇게 되지 않는다.

외국어 단어는 어차피 까먹는 게 운명이다

아주 극소수의 단어를 빼면 외국어 단어는 결국 초장기기억으로 가기에는 무리가 있다. 그래서 어떻게든 오래갈 수 있는 상태를 만들어야 한다.

유래와 어원을 통하면 효율적인 암기가 가능하다

유래와 어원을 통하면 아주 효율적으로 외워진다는 것을 다들 알지만 엄두를 못내는 이유는 그것이 생각 외로 어렵게 느껴지기 때문이다. 그것을 최대한 먹기 좋은 사이즈로 쉽게 여러분들에게 제시한다.

자신의 말의 어원을 알려면 이웃나라의 어원을 알아야

괴테는 일찍이 자신의 말의 어원을 알려면 이웃나라의 어원을 알아야한다고 했다. 이탈리아어의 어원을 알기 위해서는 이탈리아어와 그 유래가 되는 라틴어를 파는 것도 중요하지만, 다른 이웃나라 말, 즉 프랑스와 스페인어를 나름 잘 알아두는 것도 크게 도움이 된다. 그런 방식으로 접근을 했다.

라틴어

라틴어의 속성은 다양한 변화에 있다. 그것을 여러분들이 이해하기 쉽게 좀 더 많이 자르고 편하게 서술을 했다.

외우기 쉽게 스토리로 제시

단어를 쉽게 외우기 위한 스토리들로 되어 있다. 잘 보고 파악하기 바란다.

의학용어 등 전문 용어의 부분적 도입

이탈리아어의 기본적 뿌리는 분명히 로마어 즉 라틴어이다. 그런데 그 어렵고도 어렵다고 생각하는 라틴어가 버젓이 대한민국에서도 쓰이고 있는 분야가 있다. 바로 의학용어 등 전문용어의 세계이다. 일반인들이 보면 놀랄 정도이다. 암기 효과 극대화를 위해서 우리 연구진은 무엇이라도 여러분들의 암기에 도움이 된다면 가져다가 쓴다. 그래서 그런 전문용어들 중에서 우리의 암기에 도움이 되는 것들은 여러분들에게 제시를 하고 쓰도록 한다.

I. 들어가기

1. 단어는 확실히 외워야 한다

　1) 의미

외국어의 가장 기본인 단어를 확실히 외우고 그것을 I love you처럼 거의 확실한 수준까지 만들어 외워버리도록 한다. 그것을 직청직해라고 한다.

　2) 단어를 장기 기억수준으로 끌고 간다

단어를 듣고도 까먹는 수준이 아닌, 다시 봐도 또 기억이 날 정도의 장기기억 수준으로 가게 한다. 외국어는 그게 쉽게 안 되는 게 문제다. 그래도 이미 장기기억화로 된 것을 한영식으로 하는 것은 그리 힘든 문제는 아니다.

2. 단어 공부는 어렵다

　1) 어학 공부의 8할은 단어

필자가 어학에 대해서 심도 있게 수십 년간 책을 쓰고 연구를 해보면 어학 공부의 핵심은 결국 단어이다. 마치 전쟁에 임하면 결국 끝장에는 백병전이라고 하는 것처럼 결국 어학공부의 핵심은 단어이다. 그런데 문제는 단어 공부가 너무 어렵다는 거다.

　2) 논리가 적용되지 않는 단어 공부

어학은 논리가 적용되지 않는 분야이기에 더욱더 어렵게 느껴지지 않는가? 단어의 논리적 단계가 제시가 되지 않은 상태에서 우리말과 일대일 대응을

시키려고 하다 보니 어려움이 있다.

3) 어학은 공부 순서가 없는 학문

"왜 순서가 없나요? 문법책도 다 순서가 있는데요." 내지는 "그냥 문법 좀 하고 단어하고 그러면 되는 것 아닌가요."라고 할지도 모르겠다. 그러나 분명히 정해진 순서는 없다. 적어도 수학과 영어를 비교하면 좀 더 자명하게 감이 올 것이다. 그러기에 뭔가 차분하게 한 단계씩 순서를 준다면 의미 있게 될 것이다.

4) 문제의식 갖기

어학은 기본적으로 불가능의 학문이 아니라는 생각을 가지는 것이 중요하다. 우리가 살다보면 '아 이런 것은 불가능해', '늘 그건 숙제야' '그건 하기는 해야 하는데.' 하는 생각을 많이 가지게 된다. 그런데 어학은 나 혼자의 몸으로 달나라를 가겠다거나 해저 2만 리를 가는 그런 일이 아니다. 특히 그것은 체중을 빼는 것만큼이나 힘든 일도 아니다.(체중을 요요 없이 빼는 것은 불가능은 아니나, 참 쉽지 않은 일이다.)

특히 외국어는 해당 나라의 거지도 할 줄 안다는 사실에 주목해야 한다. 그 말은 불가능한 사실이 아니라는 것이다. 이 말을 조금만 더 부연하면, 우리가 어학을 공부하기 위해서 해당 언어의 해외 방송들을 보면 유아용 프로그램이 많은 것을 볼 수 있다. 해당 언어 국가의 3세나 4세 심지어 2세의 아이도 해당 언어를 구가하는데 우리가 할 수 없는 것은 문제가 아닌가 하는 의식을 가지면 어학의 실마리를 쉽게 풀린다.

Ⅱ. A 부

A 부

□ acne [아크네] 여드름

'정상'이라는 의미를 가지는 단어이다. 피부에서 톡 봉오리 모양으로 튀어 나왔으니 그런 이름을 가져서 마땅하다.

□ ad libitum [아드 리비툼] 애드립

이 말 자체가 '자유로이'의 의미를 가지고 있다. lib 는 '자유'를 의미하는 liberty 에서의 그 lib 이다. 그래서 우리가 흔히 말하는 애드립이 된다.

□ affari [아파리] 거래, 업무

이 단어는 영어의 affair 에서의 단어와 같다. 그래서 서로 거래가 되는 것이다. love affair 라고 하면 정사 아닌가?

□ agnèllo [아그넬로] 어린 양

복수 표현을 써서, Agnus Dei 하느님의 어린 양 이라고 하면, 교회 성당에서 많이 쓰는 표현이다. 여기서 dei 는 신을 의미한다. 예를 들어서 프랑스어를 보면,' déesse [deɛs / 데에스] 여신' 인데 영어에서도 god 이 남

자신이고 여자신은 goddess 가 되는 것처럼 프랑스어에서도 신이 dieu 로 나오고 déesse 가 뒤의 esse 가 여성형 어미로 붙어서 여신이 된다.

☐ Agnus Dei   [아뉴스 데이]   하느님의 어린 양

agnèllo를 참조하라.

☐ ala   [알라]   날개

이 단어는 라틴어에서도 알라였다. 농구에서 전법을 펼치려면 날개를 펼친 듯이 상대편으로 가야 할 것이다. 그래서 영어로 파워포워드는 Ala grande 라고 하고 스몰 포워드는 Ala piccola 라고 한다.

☐ allegrézza   [알레그레자]   즐거움, 희열

이 단어 '알레그레자'처럼 '알레그레' 하면 즐거움 경쾌함을 의미한다. 그래서 알레그로가 되면 음악에서 '경쾌하게, 빠르게'를 의미한다.

☐ allentato   [알렌타토]   느슨한

이 단어는 allentare 의 피동 형용사형이다. 그런데 저 단어 에 lento 형용

사가 숨어 있다. 그래서 '느린, 느슨한' 의 의미가 같이 포함되어서 나온다.

□ analgesico [아날제시코] 진통제

ἀναλγησία (analgēsía) 라는 그리스어에서 출발한 단어이다.

□ antipasta [안티파스타] 에피타이저

이는 반대의 의미가 아닌 '처음에, 시작 전'의 의미를 가지는 anti 가 붙고 거기에 pasta 가 붙었다. 여기서 pasta 는 pastus 라는 라틴어에서 나왔다. 파스투스는 먹이 음식 이런 의미가 되어서 '주는 나의 목자시니' 라고 할 때도 영어로 pastor 라고 표현한다. 목사님 목회자 할 때의 '목' 의 글자도 풀 먹이는 목동에서 나온 것이다.

□ antipiretico [안티피레티코] 해열제

열은 분명히 febbre 인데 이때만큼은 그리스 어원 탓인지 이렇게 합성어를 만들 때는 f 가 p 로 바뀌는 변화가 온다. 그래서 이 단어는 안티 anti- (그리스고어 ἀντί, ἀντι-)와 열의 pire πυρετός 'febbre' 가 결합해서 해열제를 합성시킨다.

□ anulare [아눌라레] 약지

이 단어는 라틴어 anello 또는 anellus 에서 나온다. 그것은 바로 '링'이고, '반지'이다. 이 손가락, 즉 약지 손가락이 반지를 끼는 손가락이어서 이런 표현을 쓰게 된다. 스페인어로는 'anillo [아니요] 반지, 고리' 라는 단어로 쓰는데, 이 말 자체가 작은 원을 의미해서 반지까지도 의미 확장이 된다. 프랑스어에서는 유사하게 전개가 되어서 'anille [anij / 아니에]' 라고 하면 '넝쿨손' 을 의미한다고 한다. 충분히 납득이 가는 단어 확장의 전개이다.

□ aprire [아프리레] 열다

이 단어는 라틴어 어원 aperire에서 시작한다. 그 말 자체가 '열다' '시작하다' 인데, 우리가 April 이라고 하는 달은 봄의 시작 아니 어쩌면 봄으로서 1년의 시작을 의미하고 그게 이 단어와 어원적인 흐름을 같이 한다.

□ arietta [아리에따] 작은 아리아

원래 이 단어는 "breeze" 즉 산들 바람의 의미를 가지기도 하는데 아주 작게 나오는 아리아를 의미하기도 한다.

☐ arpeggio [알페지오] 아르페지오

화성의 구성음이 동시에 연주되지 않고 순차적으로 연주되는 음. 분산화음이라고도 한다.

☐ articolazione [아르티콜라지오네] 관절

라틴어의 articulatio, articulare 가 어원으로 영어로 dysarthria [디스아쓰리아]라고 하면 구음장애를 의미한다. 즉 이 단어는 arthria 가 '안 된다'의 의미가 된다. 그런데 그 '아쓰리아'가 바로 articulate을 의미하고 이것은 원래 라틴어에서 관전을 의미하는 단어였고, 또한 그렇게 또박 또박 나누는 것 그래서 말을 분명하게 말하는 것을 의미한다. 그래서 이것은 구음장애이다. 그리고 뇌졸중의 전조 증상으로 많이 이야기를 한다.

☐ ascoltare [아스꼴따레] 듣다

이 단어는 '경청해서 듣는 것'을 의미한다. 어원은 라틴어 auscultāre이다. 앞의 모습에서 보듯이 'aud, aus' 로서 오디오의 의미가 포함되어 있다. 그것이 이탈리아어로 넘어오게 되면서 aus 에서 중간에 u가 빠지고 as로 변했다.

□ asilo   [아실로] 유치원

이 단어는 은신처 보호처의 의미를 가지는 asylum 즉 그리스 어로는 ἄσυλον (ἱερόν)이 어원이 된다. 유치원은 교육기관의 성격도 있지만 보호기관으로서 작용하는 부분도 크게 나타나기 때문이다.

□ atterrare   [아떼라레] 착륙하다

여기서는 땅의 의미를 가지는 terra 가 있다. 요즘 많이들 마시는 맥주 이름도 그 테라에서 유래가 된 것이기도 하고 말이다. 그래서 이 단어는 '땅에 접촉하다' '땅에 가까이 가다'의 의미에서의 이륙이 된다.

□ aula   [아울라] 강당

이 단어는 라틴어에서도 같이 쓰이는데, 라틴어로서의 aula 는 대저택의 의미를 가지면서 대저택에 있는 큰 내실을 의미하는데 쓰였다. 그래서 aula magna 가 되면 대강당의 의미를 가진다.

□ Ave Maria   [가톨릭] 성모송

원래 '아베'라는 것은 본래 '야!' '축하합니다' 등의 인사말의 간투사이다. '아베 마리아' 일부분은 로마 가톨릭 교회에서 '천사축사'라 불리는 기도가

들어있다.

□ azione [아찌오네] 주식

이 말이 주식인 것은 이렇게 해석이 된다. 이 말은 원래가 라틴어 actus 가 근원적 단어이다. 즉 '활동을 할 수 있는 것'이라는 의미를 품고 있다. 또한 이 단어는 이렇게도 해석이 가능하다. 회사가 azienda 이고 그것의 어원이 라틴어 hacienda/facienda 이다. 여기서 '만들다'의 의미를 가지는 fac 이 들어있다. 즉 뭔가를 만들어 내는 곳이 회사이고 그게 azienda이고 그 구성원이 되는 것이 azione 이다.

쉬어가는 페이지
: 단어 암기는 종합예술이다

단어 암기는 해당 어학의 최고 관건이고, 그러한 관건에서의 제일 중요한 요소는 단어 암기이다. 어떤 책들은 '한번 보기만 하면 바로 술술 외워지는' 또는 '보기만 읽기만 하면 외워지는' 이라고 광고 하는데 그것은 틀린 말이다. 무용한 반복을 계속 한다고 해서 외워지는 게 아니다. 특히 단어 암기에서는 음성이 중요하다. 우리 연구진은 우리 생활에, 주변에 여러분들이 그 나이 먹도록 살면서 들어봤음직한 것들에 대해서 그것에 기반을 두고 암기를 함에 애를 쓰고 있다.

Ⅲ. B 부

B 부

□ babbino [바비노] 아버지

'O mio babbino caro, 오미오 바비노 카로' 라는 누구든 한번 쯤 들어본 오페라 명곡 제목에서 나오는 바로 '아버지'란 단어이다.

□ bacino [바치노] 골반

이 말은 골반이면서도 지형의 유형 중에서도 분지를 의미하기도 한다. 분지라는 것인 양쪽으로 산으로 막혀서 안으로 쑥 들어간 지형을 말한다. 유럽의 독특한 문화 중 하나가 양 볼에 키스하는 것으로 이탈리아에서는 '바치노 (bacino)'라고 하는데 그것도 역시 양쪽에 뭔가의 산이 있고 그것이 맞닥뜨림을 상징한다는 차원에서 기억을 하면 쉽게 기억이 될 것이다.

□ baffi [바피] 콧수염

턱수염과 콧수염을 비교해 알아둬야 한다. 이탈리아어 'mostaccio (콧수염)'에서 시작해 프랑스어와 영어로 간 moustache 와 구별을 해야 한다.

□ bagnato [바그나토] 젖은

이 단어의 근원에는 balneum 이 있다. 이는 욕조의 의미를 가지기에 샤워 등도 다 포함한다. 이중에서 l 이 i 나 g 사운드로 이탈리아어에서 변함에 대해서는 자주 보았다. 그래서 이는 '욕조에서 몸이 젖은' 의미를 가진다.

□ barba [바르바] 턱수염

barba incolta 라고 하면 지금 막 자란 옆의 턱수염을 의미한다. 원래 incolta 라고 하면 '공한지' 즉 '개척하지 않는 땅' '공지'를 의미한다.

□ barca [바르카] 조그마한 배, 보트, 나룻배, 구조선.

이 단어는 영어의 'embark 입국하다, 승선하다'의 어원이 되는 것으로 이탈리아어에서 더 확대해서 barcarole[마르카롤]은 뱃노래라고 한다.

□ baritono [바리토노] 바리 또는 남성 연주의 테너와 베이스의 중간

그리스어의 '바리스 (barys : 무거운, 깊은)'와 '토노스(tonos: 소리, 울림)'라는 말이 합쳐진 것으로 우리가 알고 있는 '바리톤'의 어원이다.

□ battuta [바투타] 타격, 박자, 구타

이 단어는 bat에서 나온다. '때리다'는 뜻이고 '몽둥이'다. 전치사 a 가 붙어서 '아 바투타'는 '박자에 정확하게 맞추어'라는 의미를 가진다.

□ bel canto [벨 칸토] '아름다운 노래'라는 뜻.
                       18세기 이탈리아에서 성립된 가창법의 일종.

bel 은 아름다운의 의미를 가지고 cant 는 노래이다. 샹송이기도 하고 간초네 이기도 하다.

□ berceuse [베르세우세] 자장가

'bercer [베르세]' 라고 하면 '흔들다'라는 의미가 된다. 그래서 자장가를 음악장르에서는 'berceuse [베흐써스]' 라고 한다.

□ bocca [보까] 입

이 단어는 라틴어 bucca 에서 출발하는데 사실 '부카'는 뺨에서 출발해서 구강의 입까지 다소 넓은 범위를 커버하는 단어이고, 이 단어 '보까'는 그 연결부위의 끝인 입에 한해서 서술한다.

□ braccio [브라초] 팔

15세기 이탈리아 시인과 음악가들이 사용하였던 '리라 다 브라치오(Lira da braccio)' 라는 악기가 있었다. '리라 다 브라치오' 는 보편적으로 7개의 현으로 이루어졌으며 당시 이탈리아 르네상스 시대의 화가 '조반니 벨리니'(Giovanni Bellini. 1430~1516)와 '레오나르도 다빈치'(Leonardo da Vinci. 1452~1519), '라파엘로'(Raphael. 1483~1520)와 같은 화가들은 '리라 다 브라치오'를 연주하는 음악가들과 긴밀하게 교감하며 이를 소재로 악기의 드로잉에서 부터 여러 작품을 남겼다. 그러면 리라는 무엇인가? 별자리 중에서 거문고자리에 나오는 그 현악기 즉 칠현금이 바로 리라이다.

□ brutto [부르또] 추한

이 단어는 라틴어 어원이 brutus 이다. 그래서 우리가 잘 아는 '야만적' 이라는 의미의 영어 단어 brutal 과도 어원을 같이 한다. 다만, 라틴어의 시작은 '육중한, 무거운' 이런 의미가 강한데 '부르또'로 오면서는 '추한' 의미가 강하게 남게 되었다.

□ buffo [부뽀] 익살스러운

이 단어는 가면을 의미하기도 하고, 그래서 '재미있는, 익살스러운, 웃기는' 의미를 가진다. 영어에서도 buffon 하면 같은 의미를 가지는 형용사가 된다. 그래서 이탈리아어로 aria buffa 가 되면 아주 익살스러운 의미의 가

곡을 의미한다. 또한 'opera buffa [오페라 부파]'는 18세기에 성행했던 이탈리아의 희극적 오페라를 말한다고 한다.

쉬어가는 페이지: 치료한 자와 아픈 자의 심리

어느 치과의사분의 이야기이다. 자신은 멀쩡히 잘 치료를 했는데 자신의 딸이 고생고생했다고 와서 하소연하면서 딸의 아파서 일 못한 부분에 대해서 보상을 해달라고 하더란다. 원래는 한달치 월급을 요구하는 것을 자신이 다소 조율해서 대략 중간정도로 막았는데 앞으로 그 환자가 더 우리 병원에 올지 고민이 되더란다. 참으로 어려운 이야기이다. 결국 환자와 의사도 심리전인데 말이다.

Ⅳ. C 부

C 부

□ calare [칼라레] 낮추다, 낮게 하다, 내려놓다

calando 라고 하면 음악용어로 '점점 낮게' '점점 여리게'의 의미를 가진다.

□ caldo [칼도] 더운

영어로 칼로리 즉 calorie 도 결국에는 열량이라는 말이다. 즉 음식물을 섭취해서 그게 데워지는 것을 나타내는 것이다. 그래서 이 단어는 어원이 라틴어 calens에서 나왔다.

□ calzone [칼조네] 축 늘어진 모양의 빵

칼조네(calzone)는 '양쪽 다리가 들어가는 바지(trouser)의 가랑이 부분'을 의미한다. 칼조네라는 명칭은 18세기 나폴리 신사들이 즐겨 입던 축 늘어진 바짓가랑이의 모양새에서 유래된 이름이라고 한다.

□ camera [까메라] 방

사진을 찍는 암실을 필요로 하는 '카메라'가 바로 '방'의 의미를 가지고 있

다. 실내악이란 의미도 가지고 있어서 'maestro di camera [마에스트로 디 카메라]' 는 실내악 지휘자를 의미한다.

□ capella [까펠라] 소성당, 성당

이 단어가 성당이나 소성당을 의미하기에 아카펠라라고 하면 '성당에서 하듯이 엄숙하게' 그런 의미를 가지고 있다. 즉 '교회풍으로 연주하라' 라는 말이 '아카펠라' 이고 그게 다소 변질되었다.

□ capo [카포] 처음, 머리, 우두머리

영어의 cap 에 해당하는 단어로, 어릴 때부터 음악시간에 배운 da capo 라는 표시는 D.C 라고 표현되어서 '앞으로 처음부터 가서 연주하라'는 의미이다. 그렇게 시작한 다음에 fine 라고 써진 마무리 할 곳에서 끝낸다.

□ cappelo [카뻴로] 머리카락

이 단어는 라틴어 capilus 가 변한 단어라고 한다. 그런데 라틴어 카필루스 역시도 하나의 합성어이다. 이것을 이해하려면 영어단어 capillary 에 대해서 알고가면 더 좋다. 캐필러리가 무엇인가? 바로 모세혈관이다. 즉 모세혈관의 어원 자체가 머리카락처럼 아주 가늘다고 해서 즉 머리와 털이 연결이 되어서 단어를 만들어서 cap 과 pil(us) 가 합쳐진 단어가 된다. 그런 단어들이 이렇게 스페인어에 와서는 'cabello [까베요]'와 같은 단어를 만들었다. 그래서 이 단어 cappelo는 머리카락을 의미한다.

□ caprice [카프리스] 염소

염소의 의미인 이 단어는 연소가 고개를 수시로 절레절레 한다는 것에서 유래했다고 한다.

□ capriccio [카프리치오] 기상곡

멘델스존, 브람스 등 19세기의 많은 작곡가들이 유쾌하고 변덕스런 작은 기악곡에 붙인 명칭이다. 변덕스러움과 관련해서 caprice 을 참조하라.

□ caro [카로] 친애하는

명곡 '오미오 바비노 카로(O mio babbino caro)'에서 나오는 말이다.

□ carrozzerìa [카로제리아] 1. (자동차, 열차의) 차체.
                            2. 자동차 (수리)공장, (열차의) 수리공장.

차는 이탈리아어로 carro 이고, carrozzeria 는 차체의 의미를 가진다.

그래서 자연스럽게 수리 공장의 의미를 같이 가지게 되었다.

□ casco   [카스코]   헬멧

이 단어는 스페인어 casco에서 유래를 했다고 한다. 스페인어 casco 는 두개골의 의미를 가지면서 그것을 보호해주는 투구의 의미도 같이 가지고 거기서 유래를 해서 이탈리아어로 왔다고 한다.

□ cavigila   [까빌리아]   발목

이 단어의 라틴어적 어원은 cavilla (접형골)인데 이것은 동의어로 os sphenoidale을 쓴다. 이 단어는 원래 '복숭아뼈'를 의미하는 단어이면서 '발목'을 의미하는 라틴어에서 유래한다. 그래서 '접형골(蝶形骨), 나비뼈. 두개의 기저에 위치한 하나의 불규칙한 모양의 골'이다. 즉 이것은 '접질리다'라는 의미의 어원이 되기도 한다. 즉 그 말은 접촉의 의미도 있지만 '나비 첩' '쪼는 접'이라는 글자를 쓰기도 한다.

□ cedere   [쎄데레]   엉덩이

라틴어에서의 '~뒤에 오다'는 말인 cēdō(동사) 의 변형형태가 cedere 이고 뒤에 온다는 의미에서 이 단어는 엉덩이의 의미를 가지고 있다.

☐ cerotto [쎄로또] 일회용밴드

cērátum에서 유래를 한다. 아마도 유력한 설명은 'cero' 내지는 'cera를 한 것'이라는 의미인데, 세라가 무엇인가? 영어 단어 성실함(sincerity)은 라틴어 sine 와 cera 의 결합에서 나왔는데 그 둘은 sine(without)과 cera(wax)의 의미이다. 즉, 이는 로마시대는 권위와 부의 상징으로 많은 조각품이 필요한 시기로 도공들은 하자있는 도자기나 조각상의 흠집을 가려서 팔기 위해 밀랍(wax)을 발라 메웠다고 한다. 즉 흠이 있는 것을 밀랍을 사용하여 흠이 없는 것처럼 하지만, 이것은 그렇게 속이지 않은 것, 그것이 성실한 것이고 정직한 것이라고 한다. 그래서 이 단어 '쎄로' 또는 '약을 바른 것' 즉 상처에 소독을 위한 약을 첨가한 일회용 밴드를 의미한다.

☐ cervello [체르벨로] 뇌

라틴어 cerĕbĕllum 또는 cerebrum에서 왔다. 역시 이탈리아의 특유의 발음 식으로 끝을 '오' 로 해서 명사를 만들었다.

☐ chirurgìa [끼루지아] 외과

χειρουργός [끼루르츠] 라고 하는 고대 그리스어가 라틴어로 와서 '끼구르지아' 로 변한 단어인데 그리스어에서의 앞의 '끼루' 는 손을 의미하고 '루츠'는 오퍼레이션을 의미한다고 한다. 그래서 손에 의한 오페레이션이라서 이 단어는 외과이고 거기에 심장외과가 되면 cardio-chirurgìa 같은

식으로 확대가 된다.

□ chitarra [치타라] 기타

프랑스어에서는 'guitare [gitaːʀ / 기타]' 라고 하고 영어는 우리가 잘 아는 guitar 이다. 그런데 이 기타의 어원이 어디서 왔을까? 사람들은 과거 그리스 로마시대의 악기 kithara 라는 현악기가 어원이라고들 한다. 그래서 k 스펠링 ch 스펠링을 넘나들면서 각 언어별로 기타를 표현하고 있다.

□ chiudere [끼우데레] 닫다

이 단어는 라틴어 cludere 또는 clūdō에서 출발을 한다. 라틴어에서 이탈리아어로 가는 과정에서 l 사운다가 hi 나 i(아이)의 사운드로 변하는 것은 아주 흔한 일이다. 그러다 보니 이 단어는 자연스럽게 영어에서는 close 로 가는 것이다. 그래서 이 단어는 닫다 의 의미를 가진다.

□ ciabatta [치아바타] 치아바타 빵

치아바타는 인공첨가물을 사용하지 않고 통밀가루, 맥아, 물, 소금 등의 천연 재료만을 사용해 만든 이탈리아식 빵이다. 1980년대 만들어졌기에 그다지 오래도 되지 않았는데, 역사는 짧지만 이탈리아를 대표하는 빵으로 자리 잡았다. ciabatta 는 슬리퍼나 낡은 신발, 발뒤꿈치가 닳은 구두를 의미하는 이탈리아어에서 온 것이라고 한다.

□ cièco [씨에코] 눈이 먼, 장님의

intestina cièco 라고 하면 맹장을 의미한다.

□ cintura [신투라] 대, 혁대, 띠. 허리띠, 허리끈.

'감다, 휘감다'라는 'cingō, cingere' 라틴어 동사에서 유래한 단어이다.

□ collo [꼴로] 목

이 단어는 라틴어 collum 에서 나온다. 그런데 저 칼럼은 바로 기둥이다. 영어에서도 유사하게 쓰인다. 사람에게는 목이 기둥이다. 그래서 이 단어 꼴로 collo 는 '목'의 의미를 가진다. 우리가 잘 아는 가로 세로 할 때의 세로 또는 횡대 종대 할 때의 종대 개념이기에 기둥을 칼럼이라고 한다.

□ compressa [꼼프레사] 알약

이 단어는 '압축해서 누르다'는 의미에서 즉 그래서 '납작하게 만든 약'이라는 의미에서 알약을 폼프레사 라고 한다.

□ coscia [꼬샤] 넓적다리, 허벅지

이 단어는 라틴어 coxa에서 유래했다. 원래는 좌골(坐骨), 치골의 의미를 가지고 있다. 그것이 발전해서 넓적다리, 대퇴골, 고관절의 의미가 된다.

□costola [코스톨라] 갈비뼈

라틴어 costŭla에서 나왔다. 이태리 음식인 '꼬스똘라 파스타'는 돼지 등갈비가 들어간 것이다. 영어로 치면 rib 인 셈이다.

□ crasso [크라쏘] 1. 밀집한, 치밀한, 조밀한.
                   2. 거친, 막돼먹은, 추잡한.

이 단어는 라틴어 'crassus 거친, 조잡한, 조밀한'에서 나왔다. 그래서 intestina crasso 가 되면 대장을 의미한다. 좀 더 연구의 필요성이 있다.

□ crocevia [크로세비아] 교차로

영어로 치면 cross road 가 되어서, 바로 교차로의 의미가 나온다.

□ crollare [크롤라레] 급락하다

원래 이 단어는 '무너지다'에서 출발을 해서 증권 등에서 가격선이 급락할 때 쓰인다.

□ cuore [꾸오레] 심장

cor 가 라틴어에서는 심장이다. 좀 더 정확히는 cŏr 가 심장이다. 그래서 우리가 아주 핵심을 '코로나' 라고 한다. 코로나 바이러스의 그 코로나 이니까 corona 이다. 이 단어는 '꼬'를 이탈리아식으로 해서 '꾸오'로 변환해서 제시를 한다.

쉬어가는 페이지
:단어 암기 세상의 질서와 맞지 않으면 혼돈이 생긴다

일부의 특히 영어 분야에서 보면 단어의 소리와 뜻을 억지로 한글에 맞춰서 만든 암기법이나 단어장이 있다. 아주 단기적으로는 단순한 게 효과는 있을지 모르는데 그 단서들이 장기적으로는 도움이 되지 않는다. 왜? 세상의 질서와 맞아야 하는데 억지로 만든 세계관이기 때문이다. 단지 단기로 되어 보이는 착시 효과 때문에 사람들이 현혹이 되기는 한다. 그러지 말아야 한다.

V. D, E 부

D 부

□ debole [데볼레] 힘이 약한, 기운이 없는

이 단어의 라틴어 어원은 debĭlis이다. 그런데 이것을 분석해보면, de 라는 하등의 요소가 있고 거기에 able 이 붙은 것이다. 그래서 '불구의, 신체에 장애가 있는' 이라는 의미도 포함을 하고 있다. 그것이 이탈리아에서는 '힘이 약한, 기운이 없는' 의 의미가 된 것이다.

□ decollare [데꼴라레] 이륙하다

이 단어는 '분리'의 뜻을 가지는 de 와 '기둥, 목'의 뜻을 가지는 collar 가 결합을 한 것이다. 즉 기둥이나 목에 붙어 있다가 떨어져 나간다는 의미에서의 이륙을 의미한다. 즉 올라간다는 의미의 이륙이 아니라 떨어져 나간다는 의미에서의 이륙을 말한다.

□ destra [데스트라] 오른쪽(의)

이 단어와 destro 같은 것들은 다 라틴어 dĕxter에서 어원이 나온다. 영어에서도 능수능란한 의미를 가지는 것이 바로 dextrous 이다. 그것을 왼손이 아닌 오른손을 써서 일을 자유자재로 진행한다는 의미를 가지고 있다.

□ detestare　[데떼스따레]　몹시 싫어하다

영어에서도 detest 라고 하면 저항하다의 의미를 가진다. 같은 맥락을 가지면서 싫어하는 식으로 더 뜻을 암기해 두기 바란다.

□ dilettare　[딜레따레]　1. 기쁘게 하다. 기쁨을 주다
　　　　　　　　　　　　2. 자동사 (aus. avere) 마음에 들다. 좋아하다

딜레따레는 delectare 또는 delicere 라는 라틴어에서 나온다. 그래서 딜레따레는 lect 즉 '선택에서 오는 즐거움'을 의미하는 단어가 된다. 우리나라에도 색깔별로 골라먹는 셀렉트라는 아이스크림이 있듯이 말이다. 이게 확대가 되면 우리나라 음악계 등에서도 많이 차용해서 쓰는 'dillettante [딜레탕트]' 라는 말이 있는데 아마추어 음악 애호가를 의미하는 말이다.

□ diminuèndo　[디미누엔도] 1. 디미누엔도
　　　　　　　　　　　　　2. (남성형 명사) 점점 약하게

이것은 음악에서 아주 많이 쓰여서 우리나라 악보에서도 많이 나오는 것이다. 이 설명은 diminuire의 설명을 보기 바란다.

□ diminuire　[디미누이레]　감소하다, 점점 떨어지다

이 단어는 라틴어 deminuĕre 에서 왔는데, 이는 de- 와 minuĕre 의 결합이다. 즉 아래로 갈수록 작아진다는 뜻을 포함하여 그 의미가 '점점 떨어지다, 감소하다' 이다. 이 단어는 음악에서 많이 쓰는 디미누엔도(점점 약하게)의 기원이 된다.

□ disco fisso [디스크 피소] 하드 디스크

fisso 는 여기서 하드 하다는 뜻이 아니라, '고정시킨, 정착시킨, 부동의, 안정된. 불변하는' 의 의미를 가지고 간다.

□ ditto [디또] 손가락

이것은 어원이 digitus이고 그게 바로 지금의 디지털의 기원이 되었다. 왜 디지털이라는 10개가 나왔을까? 어쩌면 너무 당연하지 않은가? 손가락이 열개이니 수를 이것으로 셋을 것이다.

□ dogana [도가나] 세관

이 단어는 아라비아어 diwan 에서 유래했다고 한다. 그 말이 '등록하다' 즉 register 인데, 좀 더 연구를 요해 보인다.

☐ dólce [돌체]   1. 듣기 좋은, 묘하게 아름다운.   2. 달콤한, 단.
　　　　　　　　3. 명사 단 것, 달콤한 과자.

이 단어는 영어로 치면 sweet 인데 그 말 자체가 달다는 의미도 있지만 짜지 않다는 의미에서 출발을 했다고 한다. 라틴어 dulcis에서 유래한 단어인데, 그래서 Aqua dulcis 라고 하면 바닷물이 아닌 민물을 의미했다고 한다. 그래서 아주 단 케이크나 과자를 돌체라고 부르기도 한다. 음악에서는 아주 달콤하고 부드럽게 연주하라는 의미에서의 표시를 돌체라고 한다.

☐ dolère [돌레르]   1. (연이어 또는 쑤시듯이) 아프다. 다치다.
　　　　　　　　　2. 후회하다. 애석하게 여기다. 미안하게 생각하다.

영어에서도 dole 은 '슬픔, 비탄'의 의미를 가지고 있다. 그래서 거기서 유래한 doler 는 '아프다, 아프게 하다' 의미를 가진다. 이 단어는 라틴어 dŏlēre에서 나왔다. 그렇게 '아프다'의 의미에서 출발하다 보니 스스로 마음이 아픈 상태인 '후회하다'의 의미까지 확대가 되게 되었다. 그래서 음악용어로서 'dolendo [돌렌도]'는 '슬프게, 괴롭게 연주하라'는 의미가 된다.

☐ dorsale [도르살레]   1. 등부의, 등 모양의, 등마루 모양의
　　　　　　　　　　2. 명사 등, 꼭대기, 봉우리, 콧날.

영어에서도 이 단어는 존재한다. 이는 라틴어 dorsum (back)의 파생어이

다. 반대편의 복부 배는 abdómen 이라고 한다. 그래서 이 단어는 스포츠에서는 백넘버의 의미를 가지고 있다.

□ dòrso   [도르소]   1. 잔등이, 뒤, 후면   2. 안, (마음의)속, (사실의)진상.
                    3. (손, 발 따위의) 등.

dŏrsum 이라는 라틴어에서 나왔다. 형용사로 'dorsale [도르살레]' 도 같이 암기한다.

□ dosaggio   [도사죠]   용량, 복용량

이는 용량을 나타내는 라틴어 dosis에서 유래한다. 영어에서도 용량이라고 하면 dose를 쓴다. 이 단어는 그게 이탈리아어식으로 변한 것이다.

E 부

□ effeto collaterale [이페토 꼴라테랄레] 부작용

laterale은 면이라는 의미이다. 그래서 콜라테랄레는 원래는 '면을 같이 하는' 이라는 의미가 되어서 '수반하는' 이라는 의미까지 온다. 그렇다면 이것은 작용은 작용인데 수반하는 작용 즉 부작용이 된다.

□ elegia [엘레자] 비가, 애가, 슬픈 노래

음악에서의 슬픈노래 즉, 비가(悲歌)를 프랑스어로 élégie(엘레쥐), 독일어로 Elegie(엘레기), 이탈리아어로 elegia(엘레즤아), 영어로 elegy(엘러쥐)라고 한다. 그, 어원은 희랍어 $\dot{ε}λεγεια$(엘레게이야)이다. 이쯤 되면 슬픔의 신 이름 정도 될듯한데, 그에 대해서는 다소 더 연구를 요한다. 그래서 이것은 슬픈 노래이고 우리나라에서도 이미자 선생을 '엘레지의 여왕' 즉 구슬픈 노래의 여왕이라고들 많이 불렀다.

쉬어가는 페이지: 역사가 어학과 무관할 수 없다

역사는 절대로 어학과 무관할 수 없다. 알다시피 모든 서양어의 기본에는 라틴어가 존재한다. 그것은 강력한 로마의 힘이 기본이고 그 뒤로는 기독교의 강력한 힘이다. 모든 예배는 처음부터 끝까지 라틴어로 행해졌으며 성서의 번역이 금지되었다. 1500년대에는 노르망디 지방의 한 주교가 불어로 된 성경의 필요성을 주장한 대가로 화형을 당하기까지 하였다. 이와 같은 가혹한 탄압을 피해 스위스로 간 신도들이 종교개혁을 일으키고 성서를 번역하였다.

F 부

☐ falegname [빨레나메] 목수

이 단어는 fac 과 legname 의 연결이다. 앞의 fac 는 '만들다, 일하다' 의 의미가 된다. 뒤가 문제인데 이 단어는 lĭgnamen 이 라틴어이다. 그게 어원적으로 목재 또는 나무의 의미를 가진다. 영어에서도 lignin 이라고 하면 목재에서 나오는 식물성 단백질을 의미한다. 그런 식으로 목재를 가지고 일을 하는 사람이니까 목수이다.

☐ faro [빠로] 헤드라이트

과거시대에 헤드라이트가 어디 있었겠는가? 바로 이 단어의 어원인 라틴어 Pharum 과 그리스어 Pháros 는 '등대'이다. 특히 파로서의 등대는 전설적인 이야기로 많이 전해져 내려져 온다. 배에게 불을 밝혀주는 등대나 자동차의 헤드라이트를 같이 보는 것이다.

☐ fastoso [빠스토소] 화려한

파스토소는 원래 '다소 거드름을 피우는' 이라는 의미를 가지고 있으면서 '화려한' 의 의미도 동시에 가지고 있다. 음악용어에서도 그렇게 쓰인다.

□ fegato [페가또] 간

이는 라틴어 ficātum에서 나왔다. 이는 사전을 보면 다소 복잡하게 '무화과 먹고 살찐 짐승, 특히 거위의 간'이라고 나오는데, 결국에는 '간'이다. 이 단어는 ficatum 에서 왔는데, 중간에 ficus 라고 하고 결국 프랑스어에 와서는 foie 가 되었다. 이게 이탈리아에서는 to (또) 발음을 좋아하는 그들의 습성대로 '페가또' 라고 불린다.

□ ferita [페리타] 상처

라틴어 ferire에서 유래했다.

□ fermata [페르마타] 1. 서는 것, 멈추는 것, 정지, 휴지.
            2. 정류소, 역.

이는 라틴어 'firmo [고전:피르모] [교회:피르모]' 'firmare'에서 나온 것이고 이탈리아어에 와서는 fermare 로 스펠링 변화를 가져온다. 뜻은 튼튼하게 하다. '견고[공고]하게 하다, 굳히다, 다지다'의 의미가 된다. 그래서 거기에서 '정지, 휴지' 그리고 구체적으로는 '정류소' 라는 의미를 가지는 명사인 이 단어 fermata가 나온다. 그에 기해서 음악에서의 'fermata [페르마타]'는 악곡에서 특별한 표정을 나타내기 위해 작품의 도중이나 끝에서 박자의 운동을 정지하는 경우가 있는데, 이 기호를 가리키는 말을 의미하기도 한다.

□ fleboclisi [쁠레보클리시] 정맥주사

그냥 간단히 해서 '쁠레보' 라고 하기도 한다. 링거주사이다.

□ fornaio [포르나이오] 제빵사

이 단어의 어원은 furnarius 이다. 즉 furnace 화로 또는 벽난로가 보인다. 제빵이 무엇인가? 반죽을 하고 그것을 화로에 구워야 빵이 나온다. 즉 벽난로를 가지고 일하는 사람이기에 제빵사이다.

□ forte piano [포르테 피아노] 1. 강하게 그리고 여리게, 세게 곧 여리게
                              2. 센 음에서 여린 음으로 넘어가는 부분

이 단어 piano 는 우리가 아는 그 악기 '피아노' 이기는 하지만 이탈리아 말에서의 피아노는 또한 형용사로서 '평탄한, 평편한, 잔잔한' 이라는 의미의 planus에서 유래하는 단어이다. 그 말을 영어에서 찾으면 plain 과 같은 의미로 보인다. 그래서 피아노는 '여리게, 평편하게' 의 의미를 가지고 간다.

□ fossetta [포셋따] 보조개

이 단어는 라틴어 fossa에서 유래한다. 포사는 원래는 꼭 보조개만을 의미

하는 게 아니라 땅으로 치면 둔덕을 몸에서는 들어간 부위로서의 생식기 음경들을 나타내기도 하는 말이다. 일본에 가면 'Fossa magna [포사 마그나]' 라는 지형표현이 있다. 마그나는 당연히 '거대하다, 위대하다'의 의미인데, 혼슈 즉 일본의 본섬의 중부를 거의 남북으로 절단하는 지질학상 중요한 구조대로 1855년 E. Naumann이 명명했다. 그는 이것에 의해 일본이 양 날개로 2분되도록 하였다. fossa 가 바로 그렇게 쏙 들어간 지형을 의미한다.

□ fréddo   [프레도] (형용사) 오한이 든, (남성형 명사) 감기

이는 라틴어 frīgĭdus에서 왔고 이는 얼음의 의미를 가진다. 명사로서 감기를 뜻하기도 한다.

□ freno   [프레노] 브레이크

원래 이 단어의 어원은 라틴어 frenum 이다. 그래서 그 당시는 자동차가 없었을 테니, 무엇이 누구를 막을까? 그렇다. 말에 재갈을 물리는 것을 의미했다. 그래서 프레넘은 재갈이다. 거기서 브레이크의 의미가 도출이 되는 것이다.

□ frésco   [프레스코] 1. 형용사 서늘한, 차가운.
                    2. 형용사 (음식물이) 신선한, 깨끗한, 싱싱한.

이 단어의 암기법은 'secco [세코] 마른' 의 단어 암기법을 참조하도록 하라.

□ fronte [프론테] 이마

신체의 특히 얼굴 중에서 울룩불룩하지 않고 바로 편평하게 정면을 바라보는 것은 이마일 것이다. 그래서 이 단어는 라틴어에서 frons, frontis 의 이마라는 의미에서 왔고 그게 스페인어로 와서 '프렌떼'로 이탈리아어에서는 fronte 로 변했다.

□ fuggire [푸지레] 도망가다

이 단어 푸지레는 '도망가다' 의 의미인데, 이 단어의 어원은 라틴어 fugere 나 fuggire에서 나왔다. 그래서 이탈리아어로서의 음악용어인 fuga는 추복곡이라고 다소 어려운 이름이지만 결국 좀 속된 말로 하면 '따라 쟁이'이다. 즉 독창적인 창조를 하지 않고 그냥 앞에 것을 따라가는 도망가는 형식으로 만들어진 작곡요소를 푸가라고 한다. 그래서 앞에서 앞서나가는 창조된 곡을 토카타라고 하고 그 뒤에 오는 것을 푸가라고 한다. 작곡용어로는 모방대위법이라고 한다.

☐ fuòco   [푸어코]   불, 불꽃, 화염, 열정

focus 에서 유래한 단어이다. 이것은 촛점에 맞춰서 불을 붙임에 대한 의미를 가진다. 굳이 영어로 치면 ignite 의 의미를 가진다. 그래서 음악에서 열정적으로 라고 하면 fuocoso 라고 표현을 한다.

Ⅶ. G, I, K 부

G 부

□ galoppare [칼로파레] 전속력으로 달리다, 질주하다

과거 우리나라의 현대자동차 차종 중에서 갤로퍼라는 차량이 있었다. 말이 그려진 광고가 자주 나왔는데 바로 그 갤롭은 말 특히 경주마가 질주하는 것을 나타내는 단어다. 그래서 그 어원에 따라서 이 단어도 형성이 되었다. galop 이라고 하면 1800년대에 유행하던 빠른 속도의 무곡을 의미하기도 한다.

□ gamba [감바] 다리

감바 또는 비올이라는 악기가 있다. 그것은 16세기부터 18세기 초반까지 크게 유행했던 유럽 지역의 현악기이다. '비올라 다 감바' 라고도 부르며, 다리 사이에 악기를 끼우고 활로 켜서 연주한다. 그래서 감바는 다리이다.

□ gatto [가또] 고양이

이 단어는 아주 단순하지만 각 나라별의 단어 차이를 잘 보여준다. 즉 이것은 라틴어에 cattus 에서 유래를 했기에 영어에서도 cat 이고 프랑스어에서도 chat 이다. 그리고 프랑스어의 발음은 'chat [ʃa / 샤] 고양이' 이다.

□ gesso [제소] 석회, 석고, 기브스

우리나라에서도 유화를 그리기 전에 물감이 잘 먹기 위해서 그림을 그릴 캔버스에 미리 하얗게 잘 칠해두는 것을 젯소라고 한다. 그것은 원래 석고라는 의미인데 그 젯소에는 주로 아교를 더해서 잘 붙게 만들었고, 좌우지간 그것을 젯소라고 표현한다. 그래서 이 단어 제소는 석고이다. 그리고 그게 확대가 되어서 우리가 뼈를 다쳤을 때 하는 기브스를 이탈리아에서는 제소라고 한다.

□ gestione [제스티오네] 경영, 운영, 관리, 영업.

이 단어는 라틴어 gestus [제스투스]에서 유래한다. 우리가 흔히 제스처라고 하면 손짓을 하는 거 아닌가? 그래서 이 제스투스는 손으로 하는 일이기에 '업무'이다. 그런데 영어에서도 manage 는 손으로 하는 일이고 그런 총괄자가 매니저이다. 그래서 이탈리아어에서도 간부 중의 으뜸인 상무님은 direttore gestione 가 되는 것이다.

□ ginocchio [지노끼오] 무릎

stare in ginocchio 라고 하면 '무릎을 꿇다'는 의미를 가진다. 아카데미 수상작 봉준호 감독의 기생충에서도 아탈리아의 칸초네 '당신 앞에 무릎 꿇고 (In Ginocchio Da Te)' 음악이 나오기도 한다.

□ giocondo [조콘도] 즐겁게, 희희낙락 하게.

iucundus 라는 라틴어가 이렇게 변화했다. 라틴어가 이탈리아어로 변할 때, g 와 i 의 교환현상은 자주 일어난다.

□ glissare [글리사레] 미끄러지다

음악에서 glissando [글리산도] 는 한 음에서 다음 음으로 미끄러지듯 연주하는 것을 의미한다. 이 단어는 프랑스어 glisser에서 왔다고 한다. 속설이지만 어감적으로는 미끄러운 유리가 glass 인 것과 무관하지 않다.

□ gomitto [고미또] 팔꿈치

이는 라틴어 cubitus에서 왔다. 이 단어는 '팔꿈치, 눕다' 의 의미를 가진다. 로마인들의 편안한 자세는 팔꿈치를 베고 비스듬히 눕는 것이었다. 그래서 둘의 유래가 같다. 스페인어에서도 어원이 유사하여 팔꿈치를 codo [꼬도]라고 한다. 프랑스어에서는 'coude [kud / 쿠드] 팔꿈치, 관절'이다.

□ grave [그라베] 1. 중대한, 용이하지 않은, 심한 위험을 감수한.
             2. 무거운, 비중이 큰.

영어로 중력을 gravity 라고 하는 것처럼, 이것은 무겁다는 의미를 기본적으로 가지지만 고대로부터의 어원은 땅에 묻는 무덤을 기본으로 한다. 음악 용어로 grave 라고 하면 '진중하게, 장중하게, 느긋하게' 의 의미를 가진다.

□ guància [구안차] 볼

구안치알레 [Guanciale] 는 베이컨의 일종인데 돼지볼살로 만들어진 베이컨을 의미한다. 그래서 이름이 그렇게 붙었고, 구안차는 '볼' 로 쉽게 기억이 된다. 물론 이태리는 스파게티 외에 고기 요리도 발달을 했기에 다양한 햄과 베이컨의 이름이 있기는 하다.

I 부

☐ impiegato [임삐에가또] 월급쟁이, 샐러리맨

이 단어는 월급 즉 샐러리를 받는다는 측면에서 접근한 게 아니라 거기에 소속이 되어 있다는 측면에서 접근한 것이다. 우리가 영어에서도 employ 가 '고용하다' 가 되어서 plot 즉 어떤 구성조직에 사람을 집어 넣는 게 고용이다. 그래서 employer 가 되면 고용을 하는 사람 employee 가 되면 피고용된 사람으로서의 월급쟁이이다. 이 단어는 라틴어 implicō 동사의 피동형으로서의 implicare 가 어원이 되고 그게 이탈리아어로 와서 변형이 되었다.

☐ indice [인디체] 검지, 사람의 둘째손가락.
　　　　　　　　　(시계, 계기의) 침, 지침. 표식, 지표.

어찌 보면 우리 인간의 다섯 손가락 중에서 제일 기능성이 높은 게 바로 이 두 번째 손가락일 것이다. 이것으로 무엇을 잡는 그립의 기본이 되고, 그리고 이것으로 어디를 가리키고 지침이 된다. 그래서 이게 확장이 되니까 시계의 바늘인 침이 되는 것이고, 표식 지표의 의미도 같이 나오게 된다.

□ iniectare [이녜따레] 주사 놓다

iniettare 는 라틴어에서도 유사한 모습의 어원을 가진다. 영어에서는 주사를 injection 이라고 하는데 여기서 i 스펠링은 라틴어나 이탈리아어에서의 모습이고 그게 영어로 가면 j 로 바뀌면서 ject 가 된다.

K 부

□ kyrie [키리에] 명사 기도문.

'키리에'('오! 주님'이라는 뜻)는 로마 가톨릭교회와 성공회에서 미사 집례 시에 드리는 짧은 기도인 '키리에 엘레이손'(Kyrie Eleison, '주님! 우리를 불쌍히 여기소서!'라는 뜻의 기도문)을 말한다.

VIII. L 부

L 부

□ labbra [라브라] 입술

labrum 라는 라틴어에서 출발한다. 그래서 스페인어에서도 labro 가 되면 입술의 의미를 가지기도 한다. 그런데 라틴어의 라브룸은 꼭 입술에 한다는 단어가 아니라, 우리 몸의 기관이 상부와 하부로 이뤄진 즉 입과 같은 두 개가 접합해서 생기는 그런 기관을 폭 넓게 이야기하기도 한다. 그래서 회전근계 손상이라고 하는 투수가 어깨를 많이 사용해서 생기는 질환을 의미할 때도 그 부분을 의학에서는 '관절와순'이라고 하는 부위의 손상으로 본다. SLAP(Superior Labrum Anterior to Posterior) 병변은 상부 관절와순(Labrum)의 파열이다.

□ ladra [라드라] 도둑

스페인이나 포르투갈에 가면 벼룩시장을 도둑 시장 'Feira da Ladra' 이라고 부른다. 여기서 feira 는 영어로 치면 fair 즉 야외 공개시장을 의미한다.

□ lapis [라피스] 연필

이는 스페인어에서도 'lapiz [라피즈] 연필'로 된다. 원래 어원인 lapis는 라틴어로 '돌'을 의미한다고 한다. 스페인에는 LAPIZ SENSIBLE 즉 감각적인 연필이라는 유명 선글라스 브랜드가 있다. 탱고 춤을 출 때도 lapiz [라삐쓰] 라는 동작을 하게 되면, 연필로 그리듯이 움직이는 동작을 의미하게 된다.

□ largo   [라르고]   1. (형용사) 넓은, 광대한.   2. (형용사) 충분한.

이 단어는 라틴어 'largus [고전:라르구스] [교회:라르구스]'에서 유래한다. 그것 자체도 이 단어와 마찬가지로 형용사로서 '넓은, 크고 널찍한, 광대한, 많은, 풍부한' 의 의미이다. 그러다 보니 우리가 잘 아는 음악용어 'largo [라르고]' 즉 '매우 느리게' 주로 풍부한 표정을 달고 여유 있게 연주하라는 뜻의 음악용어가 같이 파생이 된다.

□ legare   [레가레]   이어주다, 연결하다, 전달하다

legato 라고 하면 '유증, 상속'의 의미다. 즉 부모가 자식에게 이어서 주는 것을 의미하게 된다. 그처럼 이 단어에는 leg 라는 '이어준다'는 의미 요소를 가지고 있다. 그래서 음악용어로 legato 는 끊기는 느낌이 없이 '이어지듯 연주하라'는 의미를 가지고 있다. 영어에서도 유증은 legacy 이다.

□ leggere   [렛제레]   읽다

스페인어에서는 'leer [레어르] 읽다'가 된다.

□ leggero [레쩨로] 가벼운

성악가들을 구별할 때 특히 여성성악가들을 구별할 때, 목소리의 높낮이에 의해서 '소프라노, 알토, 메조, 소프라노' 등으로 구별하지만, 그 목소리의 성질을 두고도 구별하는데, 그 중 하나가 바로 leggero 이다. 이것은 경쾌하고도 우아한 목소리의 성질에 기교적으로 노래하기에 적합한 목소리이다.

□ lentiggine [렌티지네] 점

라틴어 lentigo 에서 유래한 단어이다. 영어에서도 lentigines 라고 해서 g는 하나가 빠지고 뒤에 s 가 붙으면 '사마귀'나 '점' 의 의미로서 쓰인다.

□ lento [렌토] 1. 늦은, 느린.
             2. 시간이 걸리는, (여행 등) 천천한, (물건의 표면을) 느리게 하는

이 단어는 라틴어 lentus에서 유래한 단어이다. 원래 렌투스는 '유연한' '나긋나긋한' 이런 의미를 가진다. 거기서 파생되었다. 음악용어에서도 lento 라고 하면 '느리게' 의 의미를 가진다.

□ libretto [리브레토] 오페라, 오라토리오 등의 대본.

libre 는 책을 의미한다. 우리나라의 유명서점 체인의 이름도 리브로 이다

☐ liceo　[리세오]　고등학교

리세오를 고등학교로 볼 때의 고등은 중고등학교 할 때의 고등이 아니라 상당히 높다고 할 때의 의미를 가진다. 그 어원은 그리스의 고등교육기관 리케이온이다. 이 말은 프랑스의 고등학교인 리세(Lycee)와 독일의 귀족학교 리체움(Lyzeum), 이탈리아의 일반 고등학교인 리체오(Liceo)의 어원이 되었다. 리케이온에는 알렉산드로스가 만든 새로운 세계에 참여하려는 중산층의 자제들이 많이 입학했다.

☐ locare　[로카레]　1. 타동사　(집, 방 따위를) 임대하다. 세놓다.
　　　　　　　　　　　2. 타동사　[고전어] 배치하다.

이 단어는 영어를 바탕으로 해도 아주 친숙하다. 그래서 파생된 loco 라는 음악용어는 '원위치로 가기' 라는 의미를 갖고 있다.

쉬어가는 페이지
:단어가 다른 것은 보는 관점이 달라서

우리는 그래도 살면서 영어에는 목숨 걸고들 했다. 내신도 따고 대학도 가고 해야 했으니 말이다. 그래서 영어는 조금들은 아는데 그런 관점에서 이탈리아어를 보면, 왜 이렇게 단어가 영어랑 다른가 싶다. 그것은 여러 가지 이유가 있지만 보는 관점이 다른 것도 하나의 이유가 된다. 예를 들어서 유치원을 보자. 이탈리아어에서는 'asilo [아실로] 유치원'이다. 이것은 '애쉴럼'에서 나오는 개념이지만 영어나 독일어에서는 'kinder garden'이라고 한다. 아이들의 정원이라는 소리이다. 그러기에 차분히 마음을 먹고 유래를 보면 해당 외국어는 정복이 된다. 적어도 단어만이라도 말이다.

IX. 제 부

M 부

□ madrigal [마드리갈] 목가, 전원의 노래

이 단어의 어원은 두 가지가 논의가 된다. Cantus matricalis(모국어에 의한 노래) 또는 cantus materialis(세속적인 노래)를 어원으로 하는 이탈리아어(라틴어가 아닌)에 의한 목가적인 서정시에서 비롯되었다고 한다. 그래서 서정적이고 목가적인 노래들이 자신들의 이탈리아어로 나왔다고 한다.

□ magro [마그로] 여윈

이 단어는 라틴어 macer에서 나왔다. 이게 영어로는 '야윈'의 의미를 가진 meager 와 같기에 마그로와 유사한 형태를 보이고 있다.

□ manche [망셰] 손잡이, 소매, 한판

라틴어 mánĭca에서 이 단어는 유래한다. 라틴어 마니까의 의미는 옷소매나 장갑을 의미한다. 고대의 로마의 모습을 생각하면 충분히 생각해봄직하다. 그래서 이 단어 망셰도 그런 의미를 가지게 된다.

□ mantèllo [만텔로] 망토

원래 이 단어 만텔로는 어원적으로 manta 와 유사하고 그래서 과거로부터는 '넓게 펼쳐진 가오리(생선)'를 의미하는 말이다. 그게 확장이 되어서 '망토'의 의미 즉 '잘 펼쳐진 망토'를 의미하는 것이기도 하다.

□ marcare [마까레] 강조하다, 표시하다

음악에서도 marcato [마르카토] 라고 하면 '강조된' '강조하듯이' 라는 식의 표현기법이다. 그것은 바로 이 마까레의 변형 형태인데, 이 단어는 영어로 치면 mark 이다. 즉 표시를 하는 것이다.

□ mento [멘토] 턱

이 단어는 라틴어 mentum에서 출발했다. 그런데 그 멘툼은 산부인과에서는 mentum posterior 라고 하는 표현으로 쓴다. 이때 mentum (턱) 이 post (뒤쪽)에 있다고 하면, 즉 턱이 원래 위치보다 뒤쪽에 있으므로 태아가 땅을 보고 있는 자세로서, 태아가 산도를 통과할 때 취하는 정상 자세라고 한다. 산부인과에서 분만 시 아이를 판단할 때 많이 쓰는 표현이다. 그처럼 ment 는 그런 의미에서 출발한다.

□ méssa [메사] 미사

천주교 종교를 안다니는 사람들은 잘 몰랐겠지만 천주교의 종교의식 미사는 엄밀히 외래어이면서 라틴어이다. 바로 missa 이고 이 말 자체가 여러명이 모인다는 messe 의 의미를 가진다.

□ mesto [메스토] 슬픈

라틴어 'maereō (슬퍼하다)'에서 유래한다.

□ mignolo [미그놀로] 새끼손가락

이 단어는 라틴어적 어원 minius에서 나온다고 하는데 그 미니우스는 분류적으로, 예를 들어서 둔부근육을 나눌 때, 큰 근육부터의 순서대로 대둔근(Gluteus Maxinus), 중둔근(Gluteus Medius), 소둔근(Gluteus Minius)으로 나눠듯이 나눠진다. 즉 가장 큰 맥시누스, 중간의 메디우스, 가장 작은 미니우스로 나눠듯이 나눠진다. 그래서 제일 작은 게 미니우스이다. 그런 단계를 거치듯이 손가락도 제일 작은 거 그래서 그게 '미그놀로' 이다.

□ minestrone [미네스트로네] 이탈리아식 야채와 고기 등을 많이 넣고 큰 냄비에 끓이는 스프

미네스트로네(minestrone)는 주로 음식을 '제공하다(to serve)' 혹은 '나눠주다(to distribute)'라는 뜻을 가진 라틴어 '미네스트라레(minestrare)'에서 유래하였다. 우리가 생각하는 serve 라는 단어는 유럽에서는 minister 도 여기에 해당하며, 수상인 minister 는 왕이나 여왕에게 봉사를 하는 사람이다. 여기서 파생된 '미네스트라(minestra, 수프라는 뜻)'에 확장형 접미사 '-one'이 붙었다. 이는 '크다'는 의미가 들어가는 애칭이 되어서 '빅 수프(big soup)'를 뜻한다. 이름처럼 미네스트로네에는 큼직큼직한 채소와 파스타 건더기가 가득 들어 있는 것이 특징이다.

□ mólto   [몰토]   1. 형용사 많은, 다수의   2. (대명사) 많은 사람들.

이 단어는 라틴어 multus에서 나왔다고 한다. 그 뜻은 '많은, 큰' 의 의미를 지니고 있고, 그래서 이 단어 몰토도 유사한 뜻을 가진다. 다만 현대 영어에서는 mult(i) 하면 '다양한' 의 의미를 가지고 있는데 말이다.

□ mordènte   [모덴테]   1. (조직을) 파괴하는, 깨무는.
                    2. [비유적] 신랄한, 독설(적)의.

이 단어는 동사 mordere에서 시작된다. 그 라틴어 어원은 mordere 또는 mordeo 동사인데 이것의 암기 실마리는 영어에서 발견이 된다. 영어로 morsel 이라면 '아주 작은 조각' 즉 bite 를 의미하는데 이것도 '입으로 물어서 뜯어냄'을 의미하기도 한다. 프랑스어에서도 'morsure [mɔrsyːR / 모르쉬] 물기, 물린 상처' 라는 단어가 존재한다.

□ morire [모리레] 죽다

morire의 분사형이 morendo 이고 이는 음악용어로서 '점점 (죽어가듯이) 사라지듯이' 의 의미다. 이 단어는 라틴어 'mori (죽음)'에서 유래하는데, 영어에서도 moribund 라고 하면 '사멸한, 소멸한' 의 의미를 가진다.

□ multa [물타] 벌금

이 단어는 라틴어 multa에서 유래를 하기는 하는데, 라틴어의 물타는 우리가 잘 아는 multi 의 어원이기도 하다. 즉 동음이의어인데 이러한 '벌금'의 의미와 '멀티'의 의미사이의 관계는 좀 더 연구를 요한다.

□ muovere [무와브레] 움직이다

이는 기본적으로 무브의 모습이 보인다. 그래서 암기는 아주 어렵지는 않다. 음악용어로서 mosso라고 하면 이것의 분사형이고, '움직이듯이, 생기있게' 라는 의미를 가지는 용어이다.

□ mutazione [무타지오네] 변성

영어로 치면 mutation 에 해당하는 말이다.

쉬어가는 페이지
: 가급적 책 중앙 여백에는 뭐를 적지 마라

결국 공부다. 어학도 공부이기에 공부를 잘하는 사람이 이긴다. 그런 점에서 꼭 하고 싶은 이야기는 공부를 할 때 외국어 공부를 할 때 뭔가 생각나는 메모가 있어도 가급적 중앙 즉 본내용의 여백에 적지 말라, 지저분해지고 사고를 어지럽힌다. 가급적 위와 아래의 여백에 메모를 적어서 이용하고 본문에는 별표 나 주석 표시를 번호 등을 매긴다던지 해서 처리를 하라 그래야 사고가 깨끗해진다. 그래서래도 책은 다소 여백이 있는 책이 공부하기에 좋다.

X. N, O 부

N 부

□ ninnananna(ninna nanna) [니나나나] 자장가

나나가 '잠' '자장자장'을 의미한다. 그래서 자장가이다

□ notturno [노투르노] 야상곡, 녹턴

noce 라고 프랑스어에서 부르는 것처럼 'noc' 'not' 등이 들어가면 그것은 밤의 의미를 가진다.

O 부

□ obbligante [오블리간떼] 1. 의무적, 강제적 2. 친절한, 정중한.

이 단어의 가장 기본은 obbligare 즉 '의무를 지우다'이다. 그에 유래한 음악용어로 'obbligato [오블리가토]' 라고 하면 음악에서 주로 생략할 수 없는 부분이나 악기를 일컫는다. '아드 리비툼(ad libitum, 애드립이라는 즉흥 부분)'의 반대 개념으로의 것이 나온다. '노블리스 오블리제' 같은 귀족이나 상류계급의 사회적 의무도 여기에서 나온다.

□ occhio [오키오] 눈

이 단어는 라틴어 oculus 에서 출발했다. 그래서 이 단어는 프랑스어에서는 'œil [œj / 오외이]'를 쓴다. 또한 스페인어에서는 ojo 이탈리아어에서는 occhio 가 되었다.

□ oftalmo- (-oftalmo) [오프따르모] 눈의

oftalmologia 의 설명을 보자.

□ oftalmologia [오프탈몰로지아] 안과

여기서의 'oftalmo-'는 그리스어에서 유래했다. 라틴어 또는 이탈리아어에서는 occhio를 주로 쓰는데 말이다.

☐ ombelico [옴벨리꼬] 배꼽

이 단어는 라틴어 'umbo [움보]'에서 그 유래가 나온다. 그것은 '방패의 두드러진 곳, 방패' 인체로 치면 팔꿈치 같은 주요한 포인트 그리고 지리에서는 '갑(岬), 곶, 해각(海角)' 등으로 쓰인다. 그런 도드라진 포인트가 '움보'이고 거기서 이 단어가 유래한다.

☐ orecchio [오레키오] 귀

이 단어는 유럽어 aurelia에서 변형된 것이고 au가 바로 audio처럼 듣기와 귀에 대한 이야기를 나타내는 부분이다. 그것이 스펠링 변화를 통해서 o 로 변화했다. 프랑스어에서는 'oreille [ɔʀɛj / 오레이]' 라고 한다.

☐ ostinata [오스디니따] 1. 완고한, 고집센, 끈질긴, 참을성 많은
　　　　　　　　　　　　2. 형용사 길게 유지하는

이는 영어단어 obstiante 와도 일맥상통한다. 특히 'ostinato [오스티나토]'는 일정한 음형을 악곡 전체, 혹은 특정 부분을 통하여 연속적으로 되풀이하는 것을 의미하는 음악용어이다.

쉬어가는 페이지
: 예문집에 기반한 활용 단어장의 제작 필요성

우리 연구진이 여러분들에게 우리나라에서, 아니 세상에서 가장 풍부하게 어원과 용례를 활용해서 철저하게 암기하게 해드리니 여러분들은 자기 주관, 선호에 기한 스스로의 예문집과 그에 기반한 자기 활용단어장을 만들어서 철저히 자기 것으로 만들어야 한다. 그러면 해당 어학은 끝이 보인다.

XI. P 부

P 부

☐ palmo [빨모] 손바닥

이 단어는 라틴어 palmus 또는 palma 에서 나온다. 이것이 '손바닥'의 의미를 가지고 파생이 된 것인데, 영어에서도 palm computer 라고 하면, 손바닥만 한 컴퓨터를 말하게 된다.

☐ palpebra [빨뻬브라] 속눈썹

palpĕbra, palpēbra 에서 온 단어이다. 이는 엄밀히는 눈꺼풀을 의미한다. palpare, palpitare 에서 온 단어이다. 이것은 원래 '촉진하다, 감촉하다, 손으로 만져보다'의 의미를 가진다. 여기서의 palpa 가 바로 눈꺼풀이면서, 유형물을 의미하는 것이다. 우리의 몸에서 특히 외부에서 드러난 것으로 생각해보면 눈꺼풀만큼이나 바삐 수시로 움직이는 게 많지 않을 것이기에 나오는 말이다. 손으로 살짝 만져보면 파닥파닥 수시로 움직이지 않는가?

☐ pancia [판치아] 배

독일이 2차 대전 때 사용한 유명한 전차 '팬저(panzer)' 는 갑옷이라는 의미를 갖고 있는데 갑옷이라는 게 어차피 배나 복부를 가리는 게 제일 우선이기에 프랑스어에서의 'panse [pãːs / 빵스] 배' 와도 관련이 된다. 결국 이것은 그 기원이 라틴어에서 '배, 위장, 복부'를 의미하는 pantex 가 기본이 된다.

□ panettone   [빠네또네]   파네토네, 케이크 비슷한 반구형의 빵

이는 여러 가지 어원설이 있으나 '토니의 빵'이라는 의미로서 과거의 귀족인 토니가 만들었다는 설이 유력하다.

□ parabrézza   [파라브레짜]   앞 유리

para 는 펼쳐졌다는 말이고 brezza 는 breeze 즉 산들 바람이다. 그래서 이 단어는 자동차 앞으로 펼쳐져서 바람을 막아주는 (자동차의) 바람막이 유리를 의미하는 단어가 된다.

□ pesante   [페산떼]   무거운

이 단어는 어원적으로 라틴어 pesare, 또는 pensare 에서 나오는데 이 근원적인 것에 pend 가 들어있다. 즉 pend 는 '저울에 추를 걸다'의 의미를 가져서 몸에 걸치는 액세서리가 바로 펜던트이다. 그래서 이 단어는 '무겁다'의 의미를 가지게 된다.

□ petto [페또] 가슴

라틴어 pĕctus 에서 그 어원이 나온다. 'pectus[펙투스]' 는 '가슴, 흉부, 흉곽' 의 의미를 외면적으로 가지고 내면 즉 우리몸속 안으로는 '심장, 마음, 감정'의 의미를 가지게 된다. 그래서 이것은 살아 있는 의미를 가지게 되어서 다른 언어에서는 낚시질의 의미로도 쓰이게 된다. 산채로 잡거나 살아 있는 것을 미끼로 해서 낚시질을 하기 때문이다.

□ piacere [피아체레] 좋아하다

이 단어는 라틴어의 어원은 placare 또는 plācō 이다. 원래 영어에서도 그렇고 placate 는 '달래다' 는 의미를 가진다. 우리가 잘 아는 마음을 편하게 해주는 가짜약 placebo 도 그런 논리에서 나온다. 그런 라틴어에서의 pla 와 같은 스타일에서 l 발음 대신에 i 로 발음이 변환됨은 자주 관찰한 바이다. 그런데 placare 또는 plācō 동사들이 '진정시키다, 평온하게 하다' 는 뜻 외에 '마음에 들게 하다' '기쁘게 하다'는 의미도 있는데 이탈리아어에서는 이를 주로 차용한다. 그래서 이 단어는 '좋아하다'의 의미를 가진다.

□ pigro [피그로] 게으른

이 단어는 라틴어 piger에서 왔다. 요즘 뜨는 용어로 'homo piger(게으른 인간)' 가 있다. 유명 경제 저자가 한 말로서 인간은 합리적 행동을 하는 게 아니라 게으르고 나태해지고 싶어 하는 게 한없는 욕망이라는 것이다.

□ poco [포꼬] 소량

이는 라틴어 'paucus [파우쿠스]'에서 왔다. 뜻은 '적은, 소수(少數)의, 많지 않은, 얼마 안되는'의 의미를 가진다. 영어 'pouch [파우치]'도 작은 주머니를 가리키므로 이 단어에 뿌리를 두었음을 부인할 수 없다.

□ pollice [폴리체] 엄지

이 단어에서의 pollicis 는 원래 엄지손가락의 라틴어 pollex에서 유래를 했다. 그런데 이 폴리시스는 엄지손가락에서 유래를 하면서 pollicis 로 바뀌면서는 엄지손가락 근육을 상징하는 말로 바뀐다. 비슷한 예로 엄지발가락도 그런데, hallux 가 hallucis 로 바뀌는 것도 엄지발가락 근육을 상징하게 된다. 이것은 우리나라 미국에서의 이야기이고, 이탈리아어에서는 이것이 여전히 엄지손가락으로도 쓰인다.

□ polmone [뽈모네] 폐

영어로는 이 단어가 'pulmonary [펄모네리] 폐'이다. 원래 이는 그리스고어 pneumon [쁘네우몬]에서 유래한다. 이게 라틴어로 가면 pulmo 같은 형태로 변해서 스페인어 쪽으로 가는데, 영어에서는 이 형태를 거의 그대로 받아들인 모습이 pneumonia 즉 폐렴이다. 또한 다른 방향으로는 라틴어 쪽에서도 받아들여서 이 단어와 같은 모습이 되었다. 즉 이 단어는 라틴어 pulmōnārius (of the lungs), 또는 pulmō (lung)에서 왔다.

□ polpaccio   [뽈빠쵸]   종아리

라틴어 polpa 또는 pŭlpa에서 유래했다고 한다.

□ polso   [뽈소]   손목

pello 라는 라틴어 동사에서 가장 근원적 유래를 가진다. 이 단어는 원래 bat 즉 '두들기다, 때리다'의 의미를 가지는데 손목을 만지면 맥박이 둥둥하고 울림에 대해서 유래한 단어이다. 영어의 'pulse[펄스]' 도 넓게는 여기에 유래를 두고 있기도 하다.

□ prima vista   [프리마 비스타]   즉흥 연주, 연습이 없던 상태로의 행동

원래 이 단어는 전치사 까지 넣어서 a prima vista 이다. 그래서 이 말은 '처음 보고 바로 연주한다.'는 의미를 가지고 있다. 영어로 치면 first sight 이다.

□ pronto   [쁘론또]   1. 준비된   2. 빠른 기민한

작별 인사로 'Hasta pronto (우리 곧 만나요.)'를 쓴다. 말 그대로 아주 가까운 미래까지는 이런 의미를 가진다. 거기서 보다시피 '프론토'는 가까운 미래를 의미하면서 '빠르다'는 의미를 가진다. 즉 뒤까지의 시간이 얼마 걸

리지 않는다는 의미의 '빠른'이지, 스피디하다는 의미의 '빠른'이 아니다. 그래서 응급실은 pronto soccórso 이다. 기민하게 구조가 된다는 소리이다.

□ pugno [푸뇨] 주먹

이 말은 라틴어에서도 주먹이라는 말을 가지면서 전투 싸움을 의미하게 된다. 그래서 영어에서도 pugnacious 가 되면 '호전적인, 전투적인' 그런 말이 된다.

□ pulito [뿔리또] 깨끗한

이 단어는 라틴어 polire 또는 poliō에서 출발한다. 그 출발에서 o가 이탈리아어로 오면서 u 로 바뀐 것인데, 원어인 라틴어를 보면 polish 즉 광을 내는 것이 보인다. 그래서 이 단어는 '깨끗한' 의 의미를 가지게 된다.

□ purgante [푸르간테] 지사제, 설사약

이 단어는 라틴어로 치면 purgo에서 나왔다. 그런데 이 푸르고는 그 안에 pure 가 숨어있다. 즉 정화시키고 깔끔하게 한다는 말이 들어있는 단어이다.

쉬어가는 페이지
: 운동을 해야 한다

지식적인 일을 하는 사람이건 아니면 일반 사무직이던 오래 앉아 있다가보면 여기저기 아프고 뻐근하다. 당연하지 않은가? 의자에 앉아만(sedére [세디에레] 앉다) 있다 보면 당연히 같은 자세로 오래 있는 것이니 말이다. 그래서 운동을 해야 한다. 자꾸 변형된 자세를 취해줘야 한다는 의미이다. 마사지도 하나의 방법이 되지만 그것은 변형자세가 아니다. 그래서 운동이 필요하다. 테니스나 탁구레슨이라도 받아라. 그래서 땀을 내라.

XII. R 부

R 부

☐ ragioniere [라죠니에레] 회계사

이 단어는 라틴어 ratio 가 숨이 있다. 그런데 영어에서도 '레이시오' 라고 하면 비율이라는 의미이고, 그러다 보니 '셈을 하는 사람'이라는 의미가 된다. 그래서 회계사이다.

☐ rallentàre [랄렌따레] 1. 속도를 늦추다.
　　　　　　　　　　　　2. 보다 느린 리듬으로 연주하다

이 단어의 가장 기본이 되는 것도 '느리다' 의 의미를 가지는 lento에서 출발한다. 그래서 '늦추다' 의 의미를 가진다. 음악용어로 rallentando [랄렌탄도]는 '점점 느리게' 의 의미를 가진다.

☐ reddito [레디또] 수입

이는 라틴어 reddĭtum 에서 나온다. 어원에 대한 풀이는 좀 더 연구를 요한다.

☐ refrain [리프라인] 후렴구

이탈리아어 refraindre 또는 라틴어 rifrangere가 '반복하다'의 의미를 가지고 있어서, 이 단어는 '후렴구'라는 의미를 가진다. 영어에서의 '삼가다, 절제하다'의 의미를 가지는 refrain 과는 구별을 해야 한다.

□ regista [레지스타] 영화감독

이 단어는 라틴어 regius 에서 유래를 했다고 한다. 영어에서도 regal 하면 '왕의' 또는 '절대자의' 의미를 가진다. 그처럼 이 단어도 현장, 필드에서의 절대자를 의미한다. 그러니 '연출가, 감독' 내지는 '영화감독, 현장감독'이다.

□ rene [레네] 신장, 콩팥

영어에서도 신장은 'ren [ren] 신장'이고, 콩팥으로서 신(장)(腎(臟)), 요(오줌)를 배설하는 요부의 두 기관 중의 하나를 의미한다. 그게 이탈리아어에서는 뒤에 e가 하나 더 붙어서 레네는 신장을 의미한다.

□ ricerca [리체크카] 검색하다

cerca 라고 하면, '~부터'의 의미를 가지는 단어이다. 그래서 그 말자체가 어떤 근원이나 기원을 의미하게 된다. 이 단어는 그러한 근원이나 기원을 찾아서 간다는 의미를 가진다. 거기에 ri 는 영어로 치면 re 가 되어서 반복적 의미를 가지게 된다.

□ rimessa [리메사] 송금(하다)

이 단어는 영어와 이탈리아어 사이의 발음적 관계를 극명하게 보여준다. 여기와 같은 단어는 영어는 remiss 이다. 그래서 re 는 이탈리아어로 ri 로 표기하고 미사일에서와 같은 의미인 miss 는 messa 로 표현한다.

□ rondò [론도] 1. 론도(ronde), 원무곡(圓舞曲) 2. 원형광장(圓形廣場)

이말 자체는 라운드의 의미를 가진다. 그게 이탈리아어에서는 스펠링 변형이 일어난 것이다.

□ ruga [루가] 주름

일반 사람들은 주름(wrinkle), 구김살(crease), 접은 자국(fold)이라는 용어를 서로 대체할 수 있을 정도로 같은 의미로 사용하지만, 이공계 전문 화학이나 재료공학자들은 이러한 상태 상태들을 총괄하여 '루가(ruga)'라고 부른다. 영어에서도 난이도가 있는 단어 중에서 Ruele이 있다. 그것은 주름을 의미하는 단어이다. Rugis Unguentum 이라고 하면 이탈리아의 천년수도원에서의 비법으로 전수되는 주름크림이라고 해서 이탈리아에서 많이들 판다. 그 '웅그엔떰'이 라틴어로서의 '연고' 또는 '향수'를 의미한다.

XIII. S 부

S 부

□ sala [살라] 넓은 방

이 단어는 라틴어 salum 또는 그리스어 σάλος (salos) 에서 유래한다. 그리스어로는 'mare' 즉 바다를 의미하기도 했는데, 우리가 넓은 방을 살롱이라고도 하지 않는가? 좌우지간 이 단어는 방은 방인데 다소 크고 넓은 방을 의미한다.

□ salina [살리나] 식염수

이 단어에는 소금을 의미하는 sale 가 들어 있다. 그래서 식염수이다.

□ schermo [스케르모] 모니터

이 단어는 독일어 skirmjan 에서 유래한 단어이다. 이 단어는 proteggere 즉 '앞을 막다' 의 의미가 있다고 한다. 앞을 스크린으로 막아둔 것에서 모니터라는 의미가 유래한 단어이다.

□ secco [세코] 마른

이 단어 세코는 분명히 dry 의 의미임에도 다른 뜻 특히 와인을 품평함에 있어서 '닿지 않다'는 의미로 쓰임에 유념을 해야 한다. 또한 벽화를 그리고 만드는 기법 중에서 우리가 잘 아는 '프레스코 화'가 바로 마르기 전에 그리는 방법이라면, 세코 기법은 세코(프레스코 세코라고도 한다)는 바탕칠이 완전히 마른 상태의 벽화에 석회수에 푼 안료나 템페라로 채색하는 기법이나 그 벽화를 말한다. 그런데 여기서의 프레스코는 frésco 로 써지는데, 그것은 영어에서의 fresh 와 어원을 같이 한다.

□ secolo   [세콜로]   1. 1세기, 100년   2. (역사적으로 한정된)시대, 현대
                     3. (남성형 명사) 많은 나날, 긴 세월, 긴 시간.

영어 단어로는 'secular 1.세속의, 세속적인 2.100년마다 일어나는[반복되는]'이 있다. 'seguidilla [세기딜랴]'는 스페인 남부 인달루시아 지방의 대중적인 춤을 말한다. 세속적인 춤이다. 이들은 라틴어 saeculum 에서 나오는 단어들인데 이 어원자체가 100년이면서 바로 그게 '제네레이션' 그리고 '라이프 타임'의 의미를 가진다. 즉 살아나가는 나날들이다. 그래서 race, breed 의 의미까지도 확대가 된다. 그래서 '세속'의 의미가 나온다. 그러니 아주 나쁜 의미로서의 세속이 아니라 일반 대중으로서 살아가는 시간의 의미로서의 세속이다.

□ sedia a rotelle   [세디아 로뗄레]   휠체어

이 단어는 그야말로 의자와 바퀴가 결합을 한 단어이다. 영어에서는 접속사 없이 아예 wheel이 chair와 결합을 하지 않았는가? 로트는 회전교차로를

의미하는 로타리에서의 바로 그 rot 이다.

□ sentire   [센띠레]   들리다

이 단어는 '보이는 느낌대로 감각하다'의 의미를 가지고 있다. 그래서 이 단어는 '주어 + 감각하다 + 대상물' 이렇게 되는데, 감각의 가장 기본은 무엇인가? 눈과 귀로 받아들이는 게 가장 기본이다. 그래서 우리가 '들린다'고 하면 꼭 소리를 통한 것이 아니더라도 그 말과 그 상황이 나에게는 이렇게 받아들여진다는 어쩌면 우리나라 국어의 문제가 된다. 그래서 이 단어는 해석적으로 '들리다'라고 풀이가 된다. 그러나 이 단어는 분명히 라틴어 sentiō/sentire 에서 왔기에 '감각하다'라는 의미이고 주어는 사람이 된다.

□ semaforo   [세마포로]   신호등

이 단어는 그리스어 $\sigma\epsilon\mu\alpha$ (sema) 즉 'segnale'의 의미를 가지는 '세마'와 '페로' $\varphi\epsilon\rho\omega$ (fero, foro) 즉 porta 즉 관문의 역할을 하는 단어의 결합이다. 그래서 'che porta il segnale' 이라고 보면 된다. 즉 '관문에서의 사인 시그널' 그런 의미로 만들어진 단어이다.

□ sciroppo   [시로뽀]   물약

이 말은 라틴어 sirupus에서 나온 말이다. 이것은 우리가 생활에서도 시럽이라는 말을 많이 쓴다. 바로 그 시럽이 이말 바로 물약이다.

□ ségno [세뇨] 표시, 싸인, 흔적

음악에서 Dal Segno 라고 하면 그 표시부터로 되돌아가서 반복 연주하라는 소리이다. 그래서 이 말은 '그 사인부터' 라는 의미가 된다. 그래서 dal 은 '부터' segno 는 '사인'이라는 의미를 가지고 있다. 영어의 'sign' 의 의미이다.

□ senso unico [센소 유니코] 일방통행

이 말은 이 말 자체가 일방통행이 아니다. 여기서 센소는 '감지하다, 느끼다'의 의미이다. 그런데 여기에 원래 더 말이 붙어서, 'circolazióne in senso unico' 즉 '한쪽으로만 감지가 되어서 하는 통행' 이렇게가 되어야 이게 제대로 일방통행의 의미가 된다. 그것을 줄여서 표현한 게 '센소 유니코'이다.

□ sinistra [시니스트라] 왼손

영어에서는 sinister 가 되면 '불길한' 의 의미를 가진다. 과거에 아이가 태어나서 왼손잡이가 되면 불길하다고 죽이기까지 했다는 이야기가 있다.

□ soccórso [소코르소] 구조

soccorrere 가 동사형이 된다. pronto soccórso 라고 하면 응급실이다. 이 경우는 pronto 의 해설을 보기 바란다.

□ sopracciglio [소프라칠리오] 눈썹

sopra- 와 ciglio 의 결합이다. 그런데 라틴어로 보면 sopra-는 sŭpra이다. 그래서 이는 sŭpra 더하기 cilium인데 이 칠리움이 바로 속눈썹을 의미한다. 그래서 '속눈썹보다 위에 있는 것'이라는 의미가 된다. 그래서 눈썹이 된다.

□ sotto [소토] 낮은

'sotto voce [소토 보체]' 라고 하면 '소리를 낮추어 살며시' 라는 의미의 음악용어이다. 이 단어의 어원은 라틴어로 sŭbtus 이다. 지하철 subway 와 같은 '아래'의 의미를 가진다.

□ sottopassagio [소또파사지오] 지하도

sotto 와 길의 의미인 '페시지'의 이탈리아어형인 '파시지오'가 결합된 단어로서의 지하도이다.

□ spalla [스팔라] 어깨

이는 프랑스어 'épaule [epoːl / 에폴] 어깨'에서도 어원적 유사성을 발견한다. 그래서 라틴어로는 유사하게 spalla 이다. 그런데 프랑스어에서는 etudire처럼 e 대신에 s 가 붙기도 한다. 정육점이나 레스토랑에서 어깨살을 ÉPAULE 이라고 지칭한다. 엄밀히 말하면, 정육용 동물의 앞 다리 위쪽 부위를 지칭한다.

□ spicciolo [스피치올로] 잔돈, 푼돈

이 단어는 원래 '열매를 따다'에 해당하는 spicciolare에서 온 단어이다. 덩어리로 있던 것에서 따면 당연히 개별이 되고 잔돈 같은 부스러기 나머지가 될 것이다. 그래서 이 단어가 나오게 된다.

□ spinato [스피나토] (형용사) 가시가 있는.

이 말은 '가시가 있는'이라는 의미인데, 음악용어에서는 '침착하게'란 의미로 쓰인다. 연관성은 있어 보인다. 어원인 라틴어 spīna 가 '척추'의 의미를 가지면서 '가시'의 의미를 가지고 있다.

□ spuntato [스뿐따토] 무뎌진, 끝이 끊어진

이 단어는 punta에서 출발한다. 원래 punta 는 영어로 치면 punct 가 되어서 '예리한 침, 날카로운 끝'을 의미한다. 그런데 '그 끝을 끊어지게 하거나 무디어지게 하다' 의미가 이 단어의 동사형은 spuntare가 되기에 이 단어는 '피동 형용사'가 되어서 '무디어진, 끝이 끊어진' 의미가 된다.

□ stampella [스탐펠라] 목발

이 단어는 라틴어 stampare에서 유래한다. 이 단어 자체가 '누구를 도와주다, 양육하다' 의 의미를 가지고 있는데, 좀 더 내용상 보강을 요한다. 좌우지간 그래서 '목발' 즉 '보조도구로서의 목발'이다.

□ stipendio [스띠펜디오] 월급

영어에서어도 stipulate 가 되면 '계약하다, 규정하다' 의 의미가 된다. 라틴어 stipulátor 하면 '계약자'가 되는데, 그와 어원이 유사하다. 그에 유래해서 그 계약에 의해서 받는 돈이 바로 stipendio, 바로 월급이다.

□ stirare [스띠라레] 다림질하다

이 단어는 원래 tirare 와 파생적 의미를 같이 하는 것이다. 그래서 우리가

잘 아는 말인 '티라미수(tiramisu)'는 이탈리아어로 '밀다. 잡아당기다'를 뜻하는 '티라레(tirare)'와 '나(me)'를 뜻하는 '미(mi)', '위'를 나타내는 '수(su)'가 결합이 된 말이라고 한다. 이 말을 그대로 해석해보면 '나를 위로 잡아끌다'이지만 속뜻은 '나를 기분 좋게 만들다' 의미를 가지고 있다고 한다. 그래서 이 단어 tirare는 '밀다, 끌다, 잡아당기다'이다. 우리가 옷을 잡아당기는 게 무엇인가? 다림질을 해서 팽팽하게 만드는 것이다. 그래서 이 단어는 '다림질하다'의 의미까지 연결이 된다.

□ stuello   [스투엘로]   거즈, 반창고

여성들의 삽입형 생리대인 탐폰을 스투엘로라고도 한다.

□ studiare   [스투디아레]   공부하다

이 단어를 봐도 이탈리아어는 상당히 a 사운드를 중시하는 경향을 보인다.

XIV. T 부

T 부

□ tacca [타카] 점

이 말에 s 가 붙으면 staccare 는 '점을 찍다'가 된다. 그래서 우리가 잘 아는 '똑똑똑'하고 점찍듯이 연주하는 기법이 스타카토 이다. 음성어적으로도 유명한 티티카카도 비슷한 느낌으로 생가하면 된다.

□ tagliarsi [딸리아르시] 깎다

tagliare 와 유사한 단어인데, 이 단어는 옛 프랑스어의 tailor에서 왔다고 한다. 이발사이고 재단사를 의미한다. 그래서 '깎다'를 의미한다.

□ tallone [딸로네] 뒤꿈치

이 단어는 라틴어 이는 라틴어 talo 또는 talus에서 왔다. 스니커즈라고 하면 원래 굽이 낮은 것이다. 그래서 편하다. 그런데 '타론(Talon) 스니커즈'는 오히려 발뒤꿈치를 농구화처럼 좀 디 강조한 스니커즈를 말한다.

□ targa [따르가] 번호판

이 단어는 고대 프랑크어인 targa에서 나왔다고 하는데, 그 단어 자체가 바로 '방패'를 의미한다. 그래서 '타겟 targe't 도 '표적'으로 파생이 되었고, 이 단어 '따르가'도 나오게 된다.

□ tastiera   [따스띠에라]   자판, 키보드

이 단어는 동사 'tastare [따스따레] (손을) 대다, 만지다, 손으로 더듬다, 타진하다.'에서 시작한다. 이 따스따레는 '시음하다'는 의미도 갖고 있는 동사이다. 그래서 시음을 영어로 taste 라고도 한다. 그래서 손으로 터치하는게 바로 키보드이다.

□ tènue   [떼누에]   작은 보잘것없는, 가느다란

라틴어 tenuis 나 tendĕre tendō 에서 왔다. 특히 이 tendō 는 '펼치다 팽팽하게 만들다' 의미가 되는데, 그러다보면 가늘어 질 수밖에 없다. 아무래도 두께나 면적이 가늘어 질 수밖에 없다는 말이다. 그래서 intestina tènue 가 되면, 우리 몸의 창자 중에서 소장의 의미를 가지게 된다.

□ testa   [떼스타]   머리

두성을 성악에서는 최고의 소리를 치지 않는가? 그게 voce di testa(머리 소리)이다.

□ tirar [띠라라] 던지다

tirar el diablo de la manta 라고 하면 원래는 '악마를 모포에서 내던져 버리다'라는 뜻이 된다. 즉 뭔가의 가려졌던 것을 던져서 폭로하는 것을 말하기에 '폭로되다. 들통 나다. 발각되다' 의 의미를 가진다.

□ toccare [토카레] 1. ~에 (손을)대다. ~을 만지다 (악기) 연주하다.
　　　　　　　　　2. ~에 달하다. ~에 이르다. 도달하다.

음악연주에서 '토카타' 라고 하면 '즉흥 연주'를 의미한다. 그래서 '토카타와 푸가'라는 형식으로도 많이 작곡이 된다. 여기서 토카타는 바로 이 단어 'toccare 토카레'에서 나온 것이고 이 말이 손가락을 대서 '즉흥적으로 손이 가는대로 연주하다' 의 의미를 가지고 간다.

□ torso [토르소] 상반신

라틴어 tursus 에서 나왔다. 등을 의미하는 dorso 와는 구별을 해야 한다.

쉬어가는 페이지
:니콜라 자동차

니콜라 자동차라고 검색을 해보면 이 책을 저술하는 시점기준으로 차 한 대 팔지 못한 회사라고 하는데 시총이 현대차보다 더 하다고 한다. 일단 대단하다. 현대보다 시총이 넘는다고 하니 말이다. 그런데 그게 다 미국의 힘이다. 미국에 있는 회사이고 미국인이 만들고 하니 그렇다. 그러니 우리나, 우리나라에서 회사를 하는 사람들이 불쌍하다. 그래서래도 이 책을 보는 독자 여러분들은 더욱더 인터내셔널 하게 가자. 그래야 활로가 있다.

XV. U, V 부

U 부

☐ unghia [웅기아] 손톱

이 단어는 라틴어로서의 손톱을 나타내는 ungula 또는 unguis 가 변형이 된 단어이다. 그게 프랑스어로 가면 'ongle [ɔ̃:gl / 옹글르] 손톱, 발톱'이 되는데 프랑스 말로 'le grand ongle' 이라고 하면 엄지발톱을 안으로 해서 걷는 즉 '안짱다리로 걷다'는 의미를 가진다. 또한 미용뷰티 용어에서 우리나라에서 '옹글' 이라고 표현해서 '손톱'을 의미하기도 한다.

☐ unguènto [웅구엔또] 연고

Rugis Unguentum 이라고 하면 이탈리아의 천년수도원에서의 비법으로 전수되는 주름크림이라 해서 이탈리아에서 많이들 판다. 그 웅그엔떰이 라틴어로서의 연고 또는 향수를 의미한다.

☐ uscita [우싯따] 비상구

이 난어는 동사형부터 보면 된다. 동사는 즉 '나가다, 탈출하다'가 uscire이다. 이것은 라틴어 exire에서 왔다. 그 exire에서 바로 영어의 exit 가 나온 것이다. 그런데 그 exire를 분석하는 게 의미가 있는데, 불어에서도 ire 가 되면 '가다' 즉 이탈리아어로 치면 andare 의 의미가 되는 것이다. 즉 '밖으로 가다'가 바로 exire 이고 그게 발음의 문제로 이탈리아어에서는 앞에서와 같은 변형이 나온 것이다.

V 부

☐ vaso　[바조]　1. (유리, 도자기, 금속제장식용의) 병, 항아리, 단지.
　　　　　　　　2. 도관.

원래 라틴어에서 온 단어인데 라틴어의 기본형은 vas이다. 영어에서도 꽃병이라고 하면 vase 를 쓴다. 그래서 이 단어는 '항아리'나 '그릇'을 의미한다. 무엇을 담는 것이다. 그런데 그게 피와 결합이 되어서 vaso sanguino 가 되면 혈관을 의미한다.

☐ Venecia　[베네치아]　베니스

아시아 훈족이 북이탈리아를 공격했을 때 공격을 피해 해안지역으로 피난한 로마인들이 '베이네티암(Veni etiam, 나도 여기에 왔다)'이라고 외쳤는데, 베네치아란 지명이 바로 이 말에서 유래했고 그들에 의해 지금의 베네치아가 생겨났다고 한다.

☐ vescica　[베쉬까]　방광

vesíca 는 라틴어에서의 '물주머니' 그것도 '우리 몸에 있는 물주머니'를 의미하게 된다. 그럼 우리 몸에 있는 물주머니 좀 더 유식하게 한자로 이야기하면 '포낭'이라고도 할 수 있지만, 가장 쉽게 떠올리는 단어가 무엇일까? 바로 방광이다. 그래서 이 단어는 방광을 의미한다. 거기에 이탈리아로 변하면서 s 가 sc 로 변했다.

□ vicolo [비꼴로] 골목

이 단어는 라틴어 viculus에서 유래한다. 그냥 골목도 아니고 다소 작은 골목이라서 뒤에 lus 가 붙는데 그게 붙기 전의 라틴어는 vīcus(길, 구역)이다. 그런데 여기를 보면 vi 가 보인다. '통로, 소통, 우편'등을 말할 때, via 가 보인다.

□ viso [비조] 얼굴, 용모, 시선

'보다'는 말의 vis 에서 출발한 단어이기에 '시선'이라는 의미까지도 가지고 있다.

□ volante [볼란테] 운전핸들

여기시도 역시 회전의 의미를 가시는 vol 이 나온다. 어차피 운전핸들은 둥그니까 돌릴 수밖에 없다.

□ volta [볼타] 회전

이 단어는 라틴어 내지는 광범위한 유럽고어에 따라서 vol이 포함되어, 회전의 의미를 담고 있다. 그것은 라틴어 vŏlvĕre 에서 유래한 것인데, 그것이 '볼보' 같이 기업명에서도 차용되어 여전히 위력을 떨치고 있다. 여기서의 볼타도 그런 원리이다.

□ vuoto [부옷또] 비어 있는(비행기나 기차의 화장실의, 그리고 자리의)

형용사로 '비어 있는'의 의미의 '부옷또'의 어원은 라틴어 vocĭtus 이다. 동사로서 비교를 해보면 좀 더 감이 오는데, 라틴어 동사는 vacēre 이고 이탈리아어동사로서의 '비우다'는 vuotare이다. 즉 '바세레'가 '부오타레'로 바뀐 것이다. 그래서 형용사형이 저렇게 가는 것이다.

도 서 명: 법조인이 알면 좋을 이딜리아어 단어 쉽고 재밌게 배우기
저　　자: 최단시간외국어연구회
초판발행: 2022년 6월 3일
발　　행: 수학연구사
발 행 인: 박기혁
등록번호: 제2020-000030호
주　　소: 서울특별시 영등포구 버드나루로 130 1층 104호(당산동, 강변래미안)
Tel.(02) 535-4960   Fax.(02)3473-1469

Email. kyoceram@naver.com

수학연구사 Book List

9001 고1,고2 내신 수학은 따라가지만 모의고사는 망치는 학생의 수학 문제 해결법
저자 수학연구소 / 19,500

9002 이공계 은퇴자와 강사를 위한 수학 과학 학습상담센터 사업계획 가이드
저자 수학연구소 / 19,500

9003 고3 재수생 수능 수학 만점, 양치기를 어떻게 바라보고 극복할 것인가
저자 수학연구소 / 19,500

9004 대학생들이 세상에서 가장 효율적으로 일본어를 정복하는 방법
저자 최단시간일본어연구회 / 19,500

9005 프랑스어를 꼭 공부해야 하는 대학생들이 쉽게 어려운 단어를 외우는 방법
저자 최단시간프랑스어연구회 / 19,500

9006 중국어를 빠르게 배우고 싶은 해외 파견 공무원들을 위한 책
저자 최단시간중국어연구회 / 19,500

9007 변리사들이 효율성 높게 일본어를 익히는 법
저자 변리사실무연구회 / 19,500

9008 세무사가 업무상 필요한 일본어 청취를 빠르게 습득하는 법
저자 세무사실무연구회 / 19,500

9009 심리상담사가 프랑스어 단어를 빠르게 익히는 방법
저자 상담심리실무연구회 / 19,500

9010 업무용 일본어 듣기의 효율성을 높이는 법: 해외파견공무원용
저자 공무원실무연구회 / 19,500

9011 관세사들이 스페인어 단어를 쉽고 빠르게 외우는 법
저자 관세사실무연구회 / 19,500

9012 스페인어 리스닝을 쉽게 하는 법: 해외파견금융기관직원을 위한 책
저자 금융실무연구회 / 19,500

9013 관사세가 알면 좋을 프랑스어 단어를 효율적으로 외우는 법
저자 관세사실무연구회 / 19,500

9014 법조인이 알면 좋을 스페인어 단어를 빠르게 익히는 법
저자 법조인실무연구회 / 19,500

9015 법조인이 알면 좋을 스페인어 단어를 빠르게 익히는 법
저자 법조인실무연구회 / 19,500

9016 미용 뷰티업계에서 알면 좋을 이탈리아어 단어 빠르게 외우는 법
저자 뷰티실무연구회 / 19,500

9017 간호대학생과 간호사 의학용어시험 만점! 심장순환계통단어 암기법
저자 의학수험연구회 / 19,500

9018 항공공항업계에서 알면 좋을 스페인어 단어 스피드 암기법
저자 항공공항실무연구회 / 19,500

9019 약사와 약대생을 위한 의학용어 만점암기법_ 심장순환계와 근육계
저자 의학수험연구회 / 19,500

9020 한의사와 한의대생을 위한 양의학용어 암기법_ 호흡기와 감각기
저자 의학수험연구회 / 19,500

9021 의료변호사를 위한 의학용어 암기법_ 소화기와 비뇨기
저자 의학수험연구회 / 19,500

9022 건강보험공단 직원과 취준생을 위한 의학용어 암기법_ 감각기와 호흡기
저자 의학수험연구회 / 19,500

9023 간호사 국가고시 합격기간 단축하기_ 1교시 성인간호, 모성간호
저자 의학수험연구회 / 19,500

9024 건강보험공단 직원과 취준생을 위한 의학용어 암기법_ 감각기와 호흡기
저자 의학수험연구회 / 19,500

9025 수의사와 수의대생을 위한 의학용어 암기법_ 근골계와 심장순환계
저자 의학수험연구회 / 19,500

9026 식품위생직, 식품기사 시험을 위한 식품미생물 점수 쉽게 따기
저자 식품위생연구회 / 19,500

9027 영양사 시험 스피드 합격비법_ 1교시 영양학, 생화학, 생리학 중심
저자 영양사시험연구회 / 19,500

9028 영양사 시험 스피드 합격비법_ 2교시 식품학, 식품위생 중심
저자 영양사시험연구회 / 19,500

9029 6급 기관사 해기사 자격 시험 스피드 합격비법
저자 해기사시험연구회 / 19,500

9030 재배학개론 농업직 공무원시험 스피드 합격비법
저자 공무원시험연구회 / 19,500

9031 식용작물학 농업직 공무원시험 스피드 합격비법
저자 공무원시험연구회 / 19,500

9032 수능 지구과학1 입체적 이해로 만점 받기
저자 수능시험연구회 / 19,500

9033 건축구조 건축직 공무원 시험 교과서 술술 읽히게 하는 책
저자 공무원시험연구회 / 19,500

9034 위생관계법규 조문과 오엑스 조리직 공무원시험
저자 공무원시험연구회 / 19,500

9035 자동차구조원리 운전직 공무원 시험 교과서 술술 읽히게 하는 책
저자 공무원시험연구회 / 19,500

9036 수의사와 수의대생을 위한 의학용어_ 암기법 소화기와 비뇨기
저자 의학수험연구회 / 19,500

9037 도로교통사고 감정사 1차 시험 교과서 술술 읽히게 하는 책
저자 자격증수험연구회 / 19,500

9038 위험물산업기사 필기시험 교과서 술술 읽히고 암기되게 하는 책
저자 자격증수험연구회 / 19,500

9039 소방관계법규 조문과 오엑스 소방직 공무원시험
저자 공무원시험연구회 / 19,500

9040 양장기능사 필기시험 교과서 술술 읽히고 암기되게 하는 책
저자 자격증수험연구회 / 19,500

9041 섬유공학 패션의류 전공자가 섬유가공학 술술 읽고 학점도 잘 받게 해주는 책
저자 섬유공학패션연구회 / 19,500

9042 의류복식사 술술 읽고 학점 잘 받게 해주는 섬유공학 패션의류 전공자를 위한 책
저자 섬유공학패션연구회 / 19,500

9043 반도체장비유지보수 기능사 필기 교과서 술술 읽히고 암기되게 하는 책
저자 자격증수험연구회 / 19,500

9044 4급 항해사 해기사 자격 수험서 술술 읽히고 암기되게 하는 책
저자 자격증수험연구회 / 19,500

9045 접착 계면산업 관련 논문 특허자료 술술 읽히고 암기되게 하는 책
저자 접착계면산업연구회 / 19,500

9046 재수삼수 생활로 점수 올려 대입 성공한 이야기
저자 오답노트컨설팅클럽 / 19,500

9047 치위생사 국가시험 수험서 술술 읽히고 암기되게 하는 책
저자 자격증수험연구회 / 19,500

9048 치위생사 국가시험 수험서 술술 읽히고 암기되게 하는 책_ 2교시 임상치위생처치 등
저자 자격증수험연구회 / 19,500

9049 가스산업기사 필기시험 수험서 술술 읽히고 암기되게 하는 책
저자 자격증수험연구회 / 19,500

9050 응급구조사 1,2급 시험 수험서 술술 읽히고 암기되게 하는 책
저자 자격증수험연구회 / 19,500

수학연구사 Book List

9051 떡제조기능사 시험 수험서 술술 읽히고 암기되게 하는 책
저자 자격증수험연구회 / 19,500

9052 임상병리사 시험 수험서 술술 읽히고 암기되게 하는 책
저자 자격증수험연구회 / 19,500

9053 의료관계법규 4대법 조문과 오엑스 뽀개기 의료기술직 공무원시험
저자 공무원시험연구회 / 19,500

9054 간호학 전공자가 간호미생물학 술술 읽고 학점도 잘 받게 해주는 책
저자 간호학연구회 / 19,500

9055 간호사 국가고시 합격기간 단축하기_ 2교시 아동간호, 정신간호 등
저자 의학수험연구회 / 19,500

9056 도로교통법규 조문과 오엑스 뽀개기 운전직 공무원시험
저자 공무원시험연구회 / 19,500

9057 전기공학부생들이 시험 잘 보고 학점 잘 따는 법
저자 기술튜터토니 / 19,500

9058 간호대학생들이 약리학을 쉽게 습득하는 학습법
저자 간호학연구회 / 19,500

9059 의치대를 목표하는 초등생자녀 이렇게 책 읽고 시험 보게 하라
저자 의치대보낸부모들 / 19,500

9060 지적관계법규 조문과 오엑스 뽀개기 지적직 공무원시험
저자 공무원시험연구회 / 19,500

9061 방송통신대 법학과 학생이 학점 잘 받게 공부하는 법
저자 법학수험연구회 / 19,500

9062 공인중개사 1차 시험 쉽게 합격하는 학습법
저자 법학수험연구회 / 19,500

9063 기술직 공무원 시험 쉽게 합격하는 학습법
저자 공무원시험연구회 / 19,500

9064 독학사 간호과정 공부 쉽게 마스터하기
저자 간호학연구회 / 19,500

9065 주택관리사 시험 빠르게 붙는 방법과 노하우
저자 자격증수험연구회 / 19,500

9066 비로스콜 법학과 대학생들을 위한 공부 방법론
저자 법학수험연구회 / 19,500

9067 기술지도사 필기시험 빠르고 쉽게 합격하는 학습법
저자 자격증수험연구회 / 19,500

9068 감정평가사 시험 스트레스 낮추고 빠르게 최종 합격하는 길
저자 자격증수험연구회 / 19,500

9069 의무기록사 시험 합격을 위한 의학용어 암기법_ 순환계와 근골계
저자 의학수험연구회 / 19,500

9070 의무기록사 시험 합격을 위한 의학용어 암기법_ 소화기와 비뇨기
저자 의학수험연구회 / 19,500

9071 감정평가사 2차 합격을 위한 서브노트의 필요성 논의와 공부법
저자 자격증수험연구회 / 19,500

9072 감정평가사 민법총칙 최단시간 공부법과 문제풀이법
저자 자격증수험연구회 / 19,500

9073 게임 IT업계 직원이 영어를 빠르게 듣고 말할 수 있는 방법
저자 최단시간영어연구회 / 19,500

9074 IT 게임업계 직원이 효율적으로 빠르게 일본어를 습득하는 법
저자 최단시간일본어연구회 / 19,500

9075 게임회사 IT업계 직원이 프랑스어 단어를 빨리 익히는 법
저자 최단시간프랑스어연구회 / 19,500

9076 경영지도사가 빠르고 효율적으로 중국어를 배우는 법
저자 최단시간중국어연구회 / 19,500

9077 유튜버가 일본어 청취를 빠르게 익히는 방법
저자 최단시간일본어연구회 / 19,500

9078 법조인들이 알면 좋을 프랑스어 단어를 빠르게 익히는 법
저자 최단시간프랑스어연구회 / 19,500

9079 경영지도사에게 필요한 스페인어 단어 빠르게 익히기
저자 최단시간스페인어연구회 / 19,500

9080 일본어 JLPT N4, N5 최단시간에 합격하는 법
저자 최단시간일본어연구회 / 19,500

9081 관세사에게 필요한 이탈리아어 단어 빠르게 익히기
저자 최단시간외국어연구회 / 19,500

9082 일본 관련 사업을 하는 중개사를 위한 효율적인 일본어 듣기법
저자 최단시간외국어연구회 / 19,500

9083 일본 취업 준비생을 위한 일본어 리스닝과 단어 실력 빠르게 올리는 방법
저자 최단시간외국어연구회 / 19,500

9084 관세사에게 필요한 중국어 빠르게 습득하는 법
저자 최단시간외국어연구회 / 19,500

9085 누적과 예측을 통한 영어 말하기와 듣기 해답_ 해외진출자를 위한 책
저자 최단시간외국어연구회 / 19,500

9086 스페인어를 공부해야 하는 대학생들이 빠르게 단어를 숙지하는 법
저자 최단시간외국어연구회 / 19,500

9087 취업 준비 대학생은 인생 자격증으로 공인중개사 시험에 도전하라
저자 자격증수험연구회 / 19,500

9088 고경력 은퇴자에게 공인중개사 시험을 강력 추천하는 이유와 방법론
저자 자격증수험연구회 / 19,500

9089 효율적인 4개 국어 학습법과 외국어 실력 올리는 방법
저자 최단시간외국어연구회 / 19,500

9090 여성들의 미래대안 공인중개사 시험 도전에 필요한 공부 가이드
저자 자격증수험연구회 / 19,500

9091 해외파견근무직원들이 이탈리아어 단어 빠르게 익히는 방법
저자 최단시간외국어연구회 / 19,500

9092 영어 귀가 뻥 뚫리는 리스닝 훈련법
저자 최단시간외국어연구회 / 19,500

9093 열성아빠를 위한 민사고 졸업생의 생활팁과 우수 공부비법
저자 교육연구회 / 19,500

9094 유초등 아이 키우는 열정할머니를 위한 민사고 생활팁과 공부가이드
저자 교육연구회 / 19,500

9095 심리상담사가 일본어를 쉽게 배울 수 있는 노하우와 팁
저자 최단시간외국어연구회 / 19,500

9096 법조인을 위한 물리는 소리에 집중하는 외국어 리스닝과 단어 훈련법
저자 최단시간외국어연구회 / 19,500

9097 관세사를 위한 문법 상관없이 받아 듣고 적는 외국어 학습법
저자 최단시간외국어연구회 / 19,500

9098 민사고에 진학할 똑똑한 중학생을 위한 민사고 공부팁과 인생 이야기
저자 교육연구회 / 19,500

9099 해외파견근무직원들을 위한 프랑스어 단어 쉽게 배우기
저자 최단시간외국어연구회 / 19,500

9100 해외파견근무직원이 일본어를 쉽고 빠르게 공부하는 방법
저자 최단시간외국어연구회 / 19,500

📚 **수학연구사 Book List**

9101 대학생들이 이탈리아어 단어 쉽고 빠르게 익히는 법
저자 최단시간외국어연구회 / 19,500

9102 뷰티 화장품 업계에서 알면 좋을 스페인어 단어 쉽게 익히기
저자 최단시간외국어연구회 / 19,500

9103 민사고 진학에 갈등을 느끼는 딸바보 아빠를 위한 인생 조언과 공부법
저자 교육연구회 / 19,500

9104 유튜버를 위한 영어 리스닝과 스피킹 실력 빠르게 올리는 법
저자 최단시간외국어연구회 / 19,500

9105 해외파견직들을 위한 문법 없이 어학 공부하는 방법
저자 최단시간외국어연구회 / 19,500

9106 변리사가 프랑스어 단어를 쉽고 빠르게 배우는 법
저자 최단시간외국어연구회 / 19,500

9107 법조인이 알면 좋을 중국어 스피드 습득법
저자 최단시간외국어연구회 / 19,500

9108 임용고시 합격하려면 고시 노장처럼 공부하지 마라
저자 임용고시연구회 / 19,500

9109 임용고시 합격을 위한 조언_ 공부로 생긴 스트레스 공부로 풀어라
저자 임용고시연구회 / 19,500

9110 가맹거래사 시험 법학에 자신이 없는 사람들이 꼭 봐야 할 합격법
저자 자격증수험연구회 / 19,500

9111 가맹거래사 책이 쉽게 이해되지 않는 사람들을 위한 수험전략 가이드
저자 자격증수험연구회 / 19,500

9112 항공 및 공항 업계에서 알면 좋을 이탈리아어 단어 효율 암기법
저자 최단시간외국어연구회 / 19,500

9113 은퇴자를 위한 외국인과 만나는 게 즐거운 영어 리스닝 방법
저자 최단시간외국어연구회 / 19,500

9114 항공과 공항업계인을 위한 일본어 듣기와 단어 청크 단위 학습법
저자 최단시간외국어연구회 / 19,500

9115 유튜버가 프랑스어 단어에 쉽게 접근하고 익히는 법
저자 최단시간외국어연구회 / 19,500

9116 대학생이 필요한 스페인어 청취를 빠르게 습득하는 법
저자 최단시간외국어연구회 / 19,500

9117 해외파견직들을 위한 스페인어 단어 스피드 학습법
저자 최단시간외국어연구회 / 19,500

9118 관세사를 위한 직청직해 소리단어장 다국어 훈련법
저자 최단시간외국어연구회 / 19,500

9119 경비지도사 처음 도전하는 사람들이 꼭 알아야 할 시험 접근법
저자 자격증수험연구회 / 19,500

9120 유튜버가 이탈리아어 단어 효율적으로 익히는 방법
저자 최단시간외국어연구회 / 19,500

9121 관세사가 빠르고 쉽게 일본어 실력 올리는 법
저자 최단시간외국어연구회 / 19,500

9122 영어가 부족한 법조인을 위한 리스닝과 스피킹 효율 학습법
저자 최단시간외국어연구회 / 19,500

9123 미용 뷰티업계에서 알면 좋을 일본어 쉽게 접근하는 법
저자 최단시간외국어연구회 / 19,500

9124 대학생을 위한 외국어 공부법_ 문법은 버리고 소리에 집중하자
저자 최단시간외국어연구회 / 19,500

9125 심리상담사가 스페인어 단어를 효율적으로 배우는 방법
저자 최단시간외국어연구회 / 19,500

9126 대학생을 위한 다양한 외국어 쉽게 접근하게 해주는 가이드
저자 최단시간외국어연구회 / 19,500